Diese Freiheit

Titel der Originalausgabe: This Freedom
© Tony Parsons 2015
Erschienen bei: Open Secret Publishing, UK

Tony Parsons
Diese Freiheit

Projektmanagement: Marianne Nentwig
Übersetzung: Christine Paro Bolam
Lektorat: Dirk Grosser
Umschlaggestaltung/Innenteil: Wilfried Klei
Covermotiv: Frank Tangermann
Autorenfoto: Rita Newman
Druck & Verarbeitung: Westermann Druck Zwickau

© J. Kamphausen Mediengruppe GmbH, Bielefeld 2016
info@j-kamphausen.de | www.weltinnenraum.de

ISBN Printausgabe: 978-3-95883-094-3
ISBN E-Book: 978-3-95883-095-0

1. Auflage 2016

Bibliografische Information der Deutschen Nationalbibliothek
Die Deutsche Nationalbibliothek verzeichnet diese Publikation in der Deutschen Nationalbibliografie;
detaillierte bibliografische Daten sind im Internet über
http://dnb.d-nb.de abrufbar.

Dieses Buch wurde auf 100% Altpapier gedruckt und ist alterungsbeständig.
Weitere Informationen hierzu finden Sie unter www.weltinnenraum.de

TONY PARSONS
DIESE FREIHEIT

Worte weisen auf das Wortlose

Übersetzt von Christine Paro Bolam

Unserer Freundin Sue Harwood

in großer Dankbarkeit.

Sie schenkte uns großzügig ihre Zeit und Inspiration,

um beim Entstehen dieses Buches zu helfen.

Es gibt nur dies ...

    das Eine, das als Zwei erscheint

    Nichts, das als Alles erscheint

    das Absolute, das als das Relative erscheint

    Leere, die als Fülle erscheint

    das Nicht-Verursachte, das als das Verursachte erscheint

    All-Einheit, die als Trennung erscheint

    das Subjekt, das als Objekt erscheint

    das Singuläre, das als Vielheit erscheint

    das Unpersönliche, das als das Persönliche erscheint

    das Unbekannte, das als das Bekannte erscheint

    Es ist klingende Stille und Reglosigkeit in Bewegung,

    und diese Worte erscheinen als Hinweise auf das Wortlose

    ... und dennoch geschieht nichts

VORWORT

Anscheinend ...

Wenn mir jemand vor längerer Zeit innerhalb der Geschichte erzählt hätte, dass ich öffentlich über ein Buch sprechen würde, das ich geschrieben hätte, wäre es mir unwahrscheinlich vorgekommen – und wie etwas, das ich besser vermeiden sollte. Doch kurz nachdem *The Open Secret* (deutsch: *Das offene Geheimnis*) veröffentlicht wurde, saß ich in einer Wohnung in einem Londoner Vorort, um mit fünf Menschen, die ich nie zuvor getroffen hatte, über das Buch zu diskutieren. Als das Gespräch begann, tauchte die plötzliche Erkenntnis einer ‚Heimkehr' auf. Es schien, als wäre ich in einer Situation gelandet, die eine innere Begeisterung für die Freiheit ausdrückte.

Als Kind hatte ich den Eindruck, dieser Gott, von dem man mir erzählte, könnte kein besonders beeindruckender Gott sein, wenn er nur im Himmel lebte. Sicher müsste er schon in allem sein, dachte ich, auch in mir. Als ich mich später mit dem Christentum und anderen Lehren und Prozessen befasste, fühlte ich mich nie wohl mit dem Glauben, dass ich mich verändern und besser, stiller, offener, fokussierter oder sonst etwas werden müsste. Diese ganze Vorstellung, man müsse sich weiterentwickeln, um einer höheren Ebene würdig zu sein, schien mir am Eigentlichen vorbeizugehen. War irgendetwas falsch an mir, oder gab es eine andere Möglichkeit?

Dass diese Botschaft auf so radikale und kompromisslose Weise erschien, war zunächst überraschend. Doch die Inhalte und die Essenz der Kommunikation wuchsen, und immer tiefere Erkenntnisschichten enthüllten sich. Die meisten Wahrnehmungen, die daraufhin ausgedrückt wurden, wären ursprünglich nicht erwartet worden, aber irgendetwas hatte sich verändert oder aufgelöst, um Raum für diese Dynamik zu schaffen. Was ebenfalls abfiel, war jegliches Gefühl des persönlichen Betroffenseins oder Einflusses. Da gab es weder ein Gefühl des Besitzens noch irgendeinen Wissensschatz, der kultiviert und an ,jemand anderen' weitergegeben werden musste.

Von da an schien ich in einer Art Leere zu den Meetings zu gehen, aus der die Antworten einfach, direkt und spontan auftauchten – ohne Zögern, Berechnung oder Konstruktion. Manchmal schien es keine offensichtliche Antwort auf eine Frage zu geben, doch sobald der Fragende die letzten Worte gesprochen hatte, fand eine Antwort einfach statt.

Es gab dabei allerdings nicht die Vorstellung, es handele sich um eine Art Channeling oder dass die Antworten aus irgendeiner speziellen Quelle stammten. Was dem Ganzen wohl am nächsten kommt, ist die Beschreibung, dass alles aus Leere und Fülle gleichzeitig aufzutauchen schien … ein Paradox!

Die andere Erkenntnis, die auftauchte, war, dass die Reaktionen nicht auf irgendeine Weise direkte Antworten auf eine Frage waren, sondern dass jede Antwort entweder den Mythos der Trennung offenlegte oder auf sein Paradox hinwies. Die Antwort schien aus dem Nichts hervorzugehen und in das Nichts zurückzukehren.

Die Essenz der Kommunikation des offenen Geheimnisses ist dieselbe geblieben. Es gab jedoch einige Wörter oder Ausdrücke, die abgelegt wurden, und die Kommunikation scheint insgesamt tiefer und direkter geworden zu sein.

Weil diese Botschaft nicht aus irgendeiner persönlichen Erfahrung, einem Wissen oder einem Selbst-Bewusstsein hervorgeht, ist sie ohne Ziel oder Motivation, ohne die Absicht, irgendein Bedürfnis zu erfüllen. Das macht ihren Vortrag mühelos ... er ist einfach, was geschieht ... anscheinend.

Ein weiterer radikaler Unterschied: Weil nicht vorgegeben wird, es gäbe hier ein separates Individuum, herrscht weder das Bedürfnis noch der Drang, irgendetwas oder irgendjemanden zu verändern. Die Vorstellung, dass der scheinbar Suchende noch stiller, ruhiger, bewusster, offener, ehrlicher, frei von Anhaftungen oder sonst etwas werden müsste, wird als eine weitere Illusion innerhalb der Traumgeschichte des ‚Ich‘ erkannt. Diese Abwesenheit eines persönlichen Plans, einer persönlichen Absicht kann sehr befreiend, aber auch sehr bedrohlich sein. Der scheinbar Fragende könnte alle möglichen Antworten und Richtungen suchen, die er für etwas verwenden könnte, das er als ‚progressive Reise‘ sieht. Jede Antwort, die der Kommunikation des offenen Geheimnisses entspringt, enthüllt einfach nur den Mythos des Suchens, oder versucht zu beschreiben, was nicht gewusst werden kann. So werden die Bedürfnisse des Suchenden ständig ausgehungert, denn die Kommunikation entspricht nicht wirklich der gewünschten ‚Antwort‘ oder Begleitung.

Der Suchende läuft ständig im Kreis herum, und die Botschaft des offenen Geheimnisses kann das immer nur bestätigen und die Art und Weise beleuchten, in der es zu geschehen scheint. In der natürlichen Realität gibt es keinen wirklichen Suchenden, keine wirkliche Antwort und keine wirkliche Zeit. Was jedoch jenseits von Fragen und Antworten scheinbar geschehen kann, ist etwas, das jenseits der Worte liegt. Die gesamte scheinbar kontrahierte Such-Energie scheint sich manchmal zu entwirren, aufzulösen oder zu kollabieren, aber nur scheinbar… und das ist das Paradox. Es gibt keine wirkliche Kontraktion, die sich entwirren oder zusammenbrechen müsste. Es gibt nichts Wirkliches, das geschehen müsste. Es gibt keinen wirklichen Suchenden, keinen wirklichen Pfad, keine wirkliche Befreiung, kein besser oder schlechter, keine höhere Intelligenz, die ein Schicksal webt, und keine wirkliche Wahl auf irgendeiner Ebene. Alles, was zu geschehen scheint, ist nur eine Erscheinung, die formlose Form, das relative Absolute, der non-duale Dualismus. Das Nichts, das nicht zum Alles wird, sondern schon alles ist. Es ist das Wirkliche und Unwirkliche, das, was ist und nicht ist. Und dieses wirkliche und unwirkliche Paradox verwirrt und überfordert das separate Selbst, weil das Selbst nur innerhalb dessen existieren kann, was es als wirklich erlebt.

Weil ich mit dieser Botschaft nichts zu tun habe, kann ich sagen, dass sie eher selten auftaucht und absolut nichts mit einer Form von Kommunikation zu tun hat, die dem Suchenden dabei zu helfen versucht, etwas zu finden, das als Erfüllung bezeichnet wird. Es gibt hier nichts zu kaufen und kein ‚Du‘, das etwas dafür tun oder nicht tun könnte, erleuchtet zu werden. Das wäre eine Vorstellung, die der gesamten Essenz der Kommunikation des offenen Geheimnisses vollkommen widerspricht.

Wenn jemand glaubt, er habe persönliche Erfüllung gefunden, könnte er durchaus versuchen, andere dazu anzuleiten oder zu inspirieren, sie auch zu finden. Daran ist nichts richtig oder falsch … es ist, was scheinbar geschieht. Und es ist auch weder richtig noch falsch, zu beleuchten, was hier als Verstärkung einer Illusion gesehen wird. Das ist ebenfalls, was geschieht … anscheinend! Mit den Augen des offenen Geheimnisses gesehen ist alles Suchen nutzlos, weil es auf einem scheinhaften, aber hypnotischen Traum beruht. Die Beleuchtung dieses dualistischen Traums wird hier als die einzige mitfühlende Handlung betrachtet – während alles, was den Traum unterstützt, als fehlgeleitete Bemühung angesehen wird, die das Gefühl der persönlichen Trennung einfach nur verstärkt.

Der Begriff non-dual wird ständig missbraucht und ist in letzter Zeit zu einem Etikett für vielerlei Lehren oder Praktiken geworden. Wenn ich die Menschen frage, was sie unter einem non-dualen Prozess verstehen, scheinen ihn einige für eine persönliche Praxis zu halten, die zu einer erfüllenderen persönlichen Erfahrung führt. Wie kann das etwas anderes sein als Dualismus, wenn es jemanden gibt, der wählen kann, sich irgendwo anders hinzubewegen? Sind das nicht schon zwei Dinge, die scheinbar geschehen? Das offene Geheimnis entlarvt, was als dualistische Lehre betrachtet wird.

Menschen fragen, ob diese Kommunikation auch anderswo stattfindet, und innerhalb der Geschichte des Suchens tut sie das natürlich und hat es immer getan. Sie erhält sehr wenig Anerkennung, weil sie für den Träumer innerhalb des Traumes nicht akzeptabel ist. In der Kommunikation der meisten großen religiösen Lehren verbirgt sich auch ein Hinweis auf die Essenz dessen, was hier vermittelt wird. Aber es bedroht die üblichen Lehren von einem Weg, einem Prozess oder einer Disziplin, die das Bedürfnis des Suchenden befriedigen, sich anzustrengen, um würdig zu werden.

Es gibt eine einfache und sehr direkte Möglichkeit, den grundlegenden Unterschied zwischen diesen beiden Wahrnehmungen zu erkennen: Die Lehren des Werdens versuchen dem Suchenden zu helfen, das offene Geheimnis tut das nicht.

Ein weiterer Unterschied ist, dass diese Kommunikation niemandem gehört und nicht auf der Basis irgendeines persönlichen Wissens oder Einflusses oder einer persönlichen Energie vermittelt wird. Es gibt nichts, was irgendein Jemand einem anderen Jemand weitergeben könnte, weil niemand da ist.

Es wird manchmal behauptet, die Botschaft des offenen Geheimnisses sei zu kompromisslos. Es ist jedoch unvermeidlich, dass eine Botschaft, welche die Trennung als scheinhaften Traumzustand betrachtet, absolut nichts bieten kann, um diesen Schein zu unterstützen. Es gibt massenweise Botschaften oder Lehren, die den Traum des Suchenden eine Zeitlang befriedigen, aber wie kann es einen Kompromiss mit einer Illusion geben, der nicht eine weitere Illusion wäre?

Claire und ich haben voller Staunen beobachtet, wie sich diese Botschaft entfaltet und einer ständig wachsenden Zuhörerschaft offenbart hat.

Wir beide waren viele Jahre lang befreundet, bevor eine viel tiefere Beziehung zwischen uns begann. Wir führten gemeinsam einen Verlag und später wurde das Buch *Das offene Geheimnis* geschrieben. Es war in dieser Phase, dass sich jegliches Gefühl eines separaten Selbst von uns beiden abzulösen schien.

Wir mussten den Verlag, den wir leiteten, verkaufen, als das offene Geheimnis all unsere Zeit und Energie zu fordern schien. Seitdem haben wir gemeinsam daran gearbeitet, die Kommunikation dieser Botschaft zu organisieren, und haben zugeschaut, wie sie zu dem heranwuchs, was sie heute ist.

Es gibt so viele Dinge, die ich an Claire liebe, und das scheint vielen anderen Menschen genauso zu gehen. Da ist vor allem eine einladende, sanfte Wärme und eine Offenheit, die jeden einzuhüllen scheint, der ihr begegnet. Außerdem strahlt sie eine starke Integrität aus, die es anderen erlaubt, sehr offen und vertrauensvoll ihr gegenüber zu sein. Sie hat eine natürliche Sensibilität in Bezug auf Dinge, die ihr mitgeteilt werden, und erkennt intuitiv, was wirklich los ist bzw. was überdeckt oder verborgen wird. Sie hat einen herrlichen Sinn für Humor. Ihre entspannte Klarheit und ihre Bereitschaft, alle Menschen in ihrem Umfeld willkommen zu heißen, sind eine große Freude. Wenn ich ihr dabei zuschaue, wie sie sich bei den Meetings – aber auch draußen in der Welt – mit Menschen unterhält, hat sie eine Art, die sofort Freundschaften ermöglicht und dazu einlädt, sich auszutauschen und viel zu lachen. Sie hat viele enge Freunde, die es schätzen, einfach nur mit ihr zusammen zu sein. Da gibt es eine Qualität, die anderen vermittelt, dass sie über alles sprechen können, und dass alles freundlich und wohlwollend aufgenommen wird.

Wir haben mehrere enge Freunde außerhalb dieser Arbeit, doch auch die Kommunikation dieser Botschaft hat zu vielen Freundschaften geführt. Die Unterstützung und Begeisterung für das, was geschieht, sind gewaltig. Die Freude und die Freiheit beim Teilen dieser Botschaft haben uns beide sehr tief berührt und wir staunen immer wieder über die Einfachheit und Direktheit dieser Kommunikation und darüber, wie sie entstanden ist.

Wenn es keine Hierarchie gibt, kein Gefühl, dass irgendjemand etwas Besonderes ist und etwas hat, das die anderen nicht haben, dann führt diese Offenheit zu natürlicher Freiheit und Freude.

All die alten, abgetragenen Ideen, Überzeugungen, Einschränkungen und Ansprüche in Bezug auf persönliche Veränderungen und Verbesserungen brechen in diesem grenzenlosen Loslassen einfach in sich zusammen.

Eine weitere Qualität, die dieser Art zu teilen innewohnt, ist ein organischer Humor, der aus der Erkenntnis erwächst, wie liebenswert und verletzlich das Menschsein ist. Der Mythos der scheinbaren Wichtigkeit ‚meiner Geschichte‘, der Bedeutung von richtig und falsch und der Rechtfertigung moralischer und ethischer Verhaltensweisen löst sich ganz einfach auf.

In der Geschichte dieser Erde gibt es das Gefühl einer energetischen Veränderung, die scheinbar in der Psyche der Menschen geschieht und etwas mit einer Rebellion gegen die alte patriarchalische Ordnung der etablierten Autoritäten zu tun hat.

Es ist offenkundig, dass politische Autoritäten und Diktatoren ihren scheinbaren Einfluss und ihre Kontrolle verlieren. Dasselbe gilt für traditionelle Religionen. Es scheint eine Bereitschaft zu geben, sich über traditionelle Einschränkungen hinwegzusetzen und sich auf etwas einzulassen, das befreiender ist.

In Bezug auf die scheinbare Geschichte der spirituellen Suche scheinen in letzter Zeit auch östliche und westliche Einflüsse zusammenzufließen. Die flüchtige und mystische Energie des Ostens hat sich mit dem bestimmenden, zerebralen und kontrollierenden Einfluss des Westens vermischt. Entsprechend scheint es Zeichen zu geben, dass das Bedürfnis nach einem Guru oder einem speziellen Jemand, der etwas Besonderes besitzt – eine höhere Führung, die auf eine höhere Ebene führt oder so ähnlich – nicht länger besteht. Der Glaube, der Suchende sei unwürdig und müsse offener oder stiller sein, oder sich stärker einem hierarchischen Prozess überantworten, scheint an Faszination zu verlieren.

Interessanterweise führen die neuesten Erkenntnisse in der Neurowissenschaft und der Physik anscheinend zu ähnlichen Schlüssen, wie sie manche Mystiker in scheinbar tausenden von Jahren der Suche gewannen. Diese wissenschaftlichen Erkenntnisse beruhen natürlich auf individuellen Beobachtungen, und somit zwangsläufig auf Geschichten. Doch die von den Wissenschaftlern gesuchte vereinheitlichte Theorie (unified theory) kann anscheinend nur einer vereinheitlichten Wahrnehmung entspringen.

Viele Menschen, die zu den Meetings des offenen Geheimnisses kommen, beschäftigen sich schon lange mit irgendeiner Suche. Wenn sie einer Kommunikation begegnen, die die Bedürfnisse des Suchenden nicht erfüllt und ihm weder einen Weg noch einen

Fortschritt bietet, könnte es sein, dass sie zu dem zurückkehren, von dem sie träumen, es wissen, tun und besitzen zu können. Doch es scheint auch eine Resonanz jenseits der Selbst-Suche und eine wachsende Reaktion auf das nicht-zu-kennende, grenzenlose Mysterium des Einfach-nur-Seins zu geben.

EINFÜHRUNG

Anscheinend ...

Vor langer Zeit wurde allgemein angenommen, die Erde sei das Zentrum des Universums. Heute wird allgemein angenommen, das Selbst sei das Zentrum des Menschen.

Diese Wahrnehmungen sind Teil der sogenannten Evolution, die in der Geschichte für real gehalten wird. Doch aus dieser Sichtweise heraus werden sie als eine weitere Erscheinung des Nichts wahrgenommen. Das Folgende ist somit einfach nur eine weitere Geschichte, die – wie alle Manifestationen – gleichzeitig real und irreal ist. Es ist allerdings auch eine interessante Metapher, die beleuchtet, auf welche Weise das ‚Ich‘, das ‚Selbst‘ oder das ‚Ego‘ begonnen haben, als unabhängige Wesenheit akzeptiert zu werden, die einen sehr realen Einfluss auf das hat, was allgemein als die ‚reale Weltgeschichte‘ betrachtet wird.

Scheinbar gab es vor langer Zeit keine Menschen auf der Erde. Es gab einfach nur Erde, Felsen und Wasser, die Sonne schien und es regnete. Mit der scheinbaren Evolution des Lebens tauchten Tiere, Fische und Pflanzen auf. Tiere fraßen andere Tiere und Pflanzen. Fische fraßen andere Fische und Pflanzen. Pflanzen wuchsen einfach und wurden gefressen oder starben, und die Erde und die Felsen waren einfach Erde und Felsen.

Die Dinge schienen einfach zu geschehen, ohne speziellen Grund … wer oder was immer ein Gehirn besaß, hatte ein sehr schlichtes, rudimentäres Gehirn ... es gab Schmerz und Freude und Antwort und Reaktion.

Es gab kein Gefühl von Dualität, Richtig oder Falsch, Sinn oder Absicht.

Doch in der Geschichte der Erde erschien ein weiteres Tier und entwickelte ein komplexeres und raffinierteres Gehirn. Neue wissenschaftliche Entdeckungen scheinen zu belegen, dass sich das menschliche Gehirn auf eine Art entwickelte, bei der ein Teil von ihm annahm, die Welt außerhalb des Körpers sei eine separate Subjekt-Objekt-Realität. Dementsprechend konstruierte das Gehirn ein Zentrum oder eine selbstbewusste Identität zur zusätzlichen Absicherung seines Überlebens und um auf diese vermutete separate Realität Einfluss zu haben. Das konstruierte Selbst oder ‚Ich' existierte und funktionierte nur innerhalb dieser dualistischen Subjekt-Objekt-Realität.

Alles, was von diesem ‚Selbst', diesem ‚Ich' erlebt wurde – Gedanken, Gefühle, konditionierte Reaktionen und so weiter – wurde scheinbar vom Gehirn produziert und orchestriert, und das machte das hinzugefügte, künstliche Selbst letztlich zu einer Marionette des Gehirns.

Doch in der scheinbaren Geschichte begann das Individuum auch zu glauben, es sei autonom und selbstbestimmt und könne das, was es als sehr reale Geschichte in einer sehr realen Welt wahrnahm, selbst beeinflussen. Die Partnerschaft zwischen Gehirn und Selbst begann diese Welt zu dominieren, oder scheinbar zu dominieren. Doch selbst wenn das nicht so gesehen wurde – das ‚Selbst' oder ‚Ich' konnte in dieser getrennten Realität anscheinend nie vollständig und anhaltend glücklich sein, wie sehr es sich auch bemühte, seine Geschichte zu verbessern. Ganz gleich, wie viel Wohlstand oder Macht es erwarb, nichts davon schien je genug zu sein.

Der Hunger des getrennten Selbst kann nie gestillt werden, weil es scheint, dass ständig irgendetwas fehlt. Selbst Zufriedenheit oder die Erfüllung eines Wunsches bleiben stets vergängliche Erfahrungen. Es scheint, als sei die evolutionäre Ehe zwischen dem Gehirn und dem Selbst erfolgreich gewesen, weil sie dem Gehirn die Dominanz bescherte. Doch in Bezug auf die Selbsterfüllung war sie ein Fiasko. Die Evolution blickt anscheinend nicht voraus.

Zeitlich gesehen gibt es die Individualität auf der Erde erst kurz, doch ihre Fähigkeit zu erschaffen und zu zerstören ist außerordentlich – in letzter Zeit auch ihre scheinbare Fähigkeit, sich selbst zu zerstören.

Als wir vor einigen Jahren unser Haus kauften, stand im Garten ein alter Pflaumenbaum, der im ersten Jahr, in dem wir dort lebten, erstaunlich viele Früchte trug. Es war schlicht unglaublich, wie er vor herrlichen Pflaumen zu explodieren schien. Dann – nachdem er seine Feier beendet hatte – ging er plötzlich ein. In der Geschichte der Erde haben die letzten 100 Jahre anscheinend eine unglaubliche Vielfalt an Kreativität in den Künsten, der Wissenschaft, der Psychologie und der Technologie hervorgebracht. Außerdem scheint in letzter Zeit ein fieberhaftes Kreisen um das eigene Selbst zu herrschen. Berühmtheit ist alles, und individueller Erfolg oder Versagen stehen im Vordergrund, zusammen mit dem Bedürfnis, auf irgendeine Weise besonders zu sein.

Individuelle Revolten, Wut gegen Autoritäten und die Forderung nach mehr Freiheit breiten sich aus. Was im Nahen Osten und andernorts zu geschehen scheint, drückt sehr gut die Wut und den Groll aus, die anscheinend so machtvoll auftauchen, wenn es dem separaten Individuum trotz seiner gewaltigen und oft extremen Bemühungen nicht zu gelingen scheint, irgendeine Art bleibender Erfüllung zu erlangen.

Das Bedürfnis, ständig mehr Informationen und größeres Wissen anzusammeln, führt zu immer hektischeren Aktivitäten. Die Online-Präsenz auf Facebook, Twitter und anderen Kommunikationsmedien scheint den Menschen eine Art Zugehörigkeit auf Abstand und ohne Intimität zu ermöglichen.

Prozesse wie Selbsterforschung, Meditation und so weiter haben die Suche nach persönlicher Erfüllung scheinbar verstärkt und mehr nach innen gerichtet. Das Auftauchen der Psychologie und die jüngere ‚New Age'-Bewegung mit ihrem Fokus auf persönlichen Prozessen haben das Bedürfnis des Individuums, Bedeutung und Eigenmacht zu erlangen, noch mehr in den Mittelpunkt gerückt. Und alle diese persönlichen Aktivitäten scheinen immer schneller auf eine Art selbstbezogenen Höhepunkt zuzusteuern.

Doch die Frage, die sich hier stellt, bezieht sich nicht so sehr auf die scheinbare Eigenschaft des Selbst, immer mehr zu wollen und sich möglicherweise selbst zu zerstören, sondern eher auf sein scheinbar grenzenloses Bedürfnis, sich selbst etwas vorzumachen und damit genau das zu vermeiden, nach dem es sich am meisten sehnt.

Die Geschichte von ‚Mir'

Alles, was es gibt, ist Ganzheit … grenzenlose Energie, die als Alles erscheint … der Himmel, Bäume, Gefühle, Gedanken, was auch immer. Es ist das Mysterium des Nichts, das gleichzeitig Alles ist.

Außer dem grenzenlosen Alles existiert nichts – und doch: weil es frei ist, kann es scheinbar getrennt von sich erscheinen … es kann als Geschichte von ‚Mir' erscheinen. Und an dieser Erscheinung, diesem scheinbaren Geschehen der Ganzheit, ist nichts richtig oder falsch.

Kontrahierte Energie scheint im Menschen aufzusteigen und ein Gefühl der Trennung zu erzeugen, mit dem ein einzigartiges Identitätsgefühl einhergeht … Selbst-Gewahrsein. ‚Ich' wird geboren und die Geschichte von ‚Mir' scheint zu beginnen. ‚Ich' ist die Geschichte und die Geschichte ist ‚Ich', eines kann ohne das andere nicht existieren. Sie erscheinen und funktionieren beide nur in einer dualistischen Subjekt-Objekt-Realität, die durch die Funktion des Gewahrseins aufrechterhalten wird. Alles scheint persönlich als eine Serie von Ereignissen in Echtzeit erlebt zu werden, die einem realen ‚Ich' zustoßen. Innerhalb dieser Geschichte scheinen die Zeit, die Reise, das Ziel, der freie Wille und die Wahl real zu sein.

Dieses Gefühl des Getrenntseins ist nicht nur eine Idee, ein Gedanke oder ein Glaube. Es ist eine kontrahierte Energie, die im gesamten Organismus verkörpert ist und jede Erfahrung beeinflusst. Das führt dazu, dass das ‚Ich' einen Baum, den Himmel, einen anderen Menschen, einen Gedanken oder ein Gefühl durch einen Schleier des Getrenntseins erlebt. Es ist, als sei das ‚Ich‘ ein Etwas, ein Ding, während alles andere als viele verschiedene Dinge wahrgenommen werden, die ‚Mir‘ geschehen. Dieser Eindruck des Abstands zu allem erzeugt ein subtiles Gefühl der Unzufriedenheit; ein Gefühl, dass irgendetwas verloren gegangen oder verborgen ist. Für die meisten Menschen ist dieses Gefühl der Unzufriedenheit nicht sehr offenkundig und weil sie sich für Individuen mit freiem Willen und eigener Entscheidungsfähigkeit halten, scheinen sie zu versuchen, eine erfolgreiche Geschichte zu erschaffen … gute Beziehungen, gute Gesundheit, Wohlstand, persönliche Macht oder was auch immer.

Doch bei einigen gibt es eine größere Sensibilität dafür, dass etwas zu fehlen scheint. Aus diesem Gefühl erwächst die Sehnsucht nach einer tieferen Erfüllung. Sie kann zur Beschäftigung mit Religionen, Therapien oder der Bedeutung von Erleuchtung führen. Weil das ‚Ich‘ zu der Überzeugung gelangt ist, es besäße die Mittel, um seine Geschichte zu beeinflussen, nimmt es auch an, es könne durch eigene Entscheidungen, Entschlossenheit und Aktivitäten tiefe Erfüllung finden.

Das ‚Ich‘ kann zum Beispiel zu einem Priester oder Therapeuten oder Erleuchtungslehrer gehen, um zu finden, was es zu brauchen glaubt.

Weil das ‚Ich‘ oft fühlt, dass es etwas verloren hat, kann ein Gefühl der Unzulänglichkeit auftauchen und so wird eine Lehre verfolgt, die das Bedürfnis befriedigt, etwas zu tun, was zu persönlicher Transformation führt und das ‚Ich‘ würdig macht, Erfüllung zu erleben. Alle diese Aktivitäten geschehen scheinbar innerhalb der Geschichte des ‚Ich‘, das in einer künstlichen, dualistischen Realität funktioniert. So sucht das ‚Ich‘ im Endlichen nach dem, was unendlich ist. Ein Etwas sucht ein anderes Etwas, und wonach es sich wirklich sehnt, bleibt unerreichbar, weil es schon längst Alles ist. Das ist etwa so, als würde man versuchen, mit einem Schmetterlingsnetz die Luft einzufangen. Es ist nicht schwierig, aber es ist wunderbar unmöglich. Die absolute Vergeblichkeit dieser Suche stärkt unweigerlich die Vorstellung eines ‚Ich‘, das sich sogar noch wertloser und getrennter fühlt.

Doch die Aktivität des Suchens kann Erfahrungen mit sich bringen, die das ‚Ich‘ dazu ermutigen, weiter zu suchen und sich noch stärker zu bemühen. Therapien können innerhalb der Geschichte ein vorübergehendes Gefühl persönlicher Balance mit sich bringen. Übungen wie z. B. Meditationen können einen Zustand des Friedens und der Stille erzeugen. Selbsterforschung kann anscheinend zu wachsendem Verständnis und Gewahrsein führen. Aber Gewahrsein ist eine Funktion, die etwas außerhalb ihrer selbst benötigt, dessen sie sich gewahr sein kann. Gewahrsein verstärkt einfach nur die Trennung, und ein Gefühl der Distanziertheit kann auftauchen und fälschlich für Erleuchtung gehalten werden. Alle diese Zustände erscheinen und verschwinden wieder innerhalb der Geschichte des ‚Ich‘.

Alle Lehren über das Erlangen der Erleuchtung basieren auf der Vorstellung, die Veränderung unserer Überzeugungen oder Erfahrungen könnte zu einer persönlichen Erkenntnis der Einheit, der Selbstrealisation oder der Entdeckung des eigenen wahren Wesens führen. Der gesamte Einsatz für einen sich entwickelnden Weg unterstützt einfach nur die Geschichte eines ‚Ich‘, das irgendetwas erreicht. Selbst die Vorstellung von persönlicher Hingabe oder Akzeptanz kann am Anfang sehr attraktiv sein und zufriedenstellende Zustände mit sich bringen ... für eine Weile. Es gibt viele sogenannte non-duale Lehren, die die Geschichte eines ‚Ich‘ unterstützen, das befreit wird.

Doch die ersehnte Einheit ist grenzenlos und frei. Man kann sie weder ergreifen, noch sich ihr annähern. Es gibt an dem, was schon Alles ist, nichts zu tun, zu verändern oder zu verbessern.

Die ‚Ich'-Erfahrung kann sehr überzeugend sein, weil ‚die Welt', in der sie lebt, von vielen verschiedenen ‚Ichs' in vielen verschiedenen Geschichten dominiert zu sein scheint. Aber das ‚Ich'-Konstrukt hat keine Dauer. Diese gesamte ‚Ich'-Geschichte ist einfach nur ein Tanz der Ganzheit ohne Sinn oder Ziel.

Eine tiefe und kompromisslose Enthüllung des künstlichen Konstrukts der Trennung und der Geschichte von ‚Mir' kann anscheinend die Fesseln lockern, die es fixieren. Ebenso kann sie aufzeigen, auf welche Weise die Suche das Dilemma einfach nur verstärkt. Das scheinbare Gefühl der Trennung ist im Grunde allerdings eine kontrahierte Energie, die nicht durch noch so viel konzeptuelle Klarheit aufgelöst werden kann.

Wenn Offenheit dem gegenüber besteht, was jenseits der Selbstsuche und der persönlichen Erfahrungen existiert, dann scheint die scheinbar kontrahierte Energie in die grenzenlose Freiheit hinein zu kollabieren, die sie schon längst ist. Und auch das ist eine weitere Geschichte, die versucht, ein totales Paradox in Worte zu fassen und zu beschreiben … das scheinbare Ende von etwas, dass nie real war … der Geschichte von ‚Mir'.

Alles, was ist, ist grenzenlose Freiheit

Hier und an verschiedenen weiteren Stellen des Buches folgen einige Fragen, die bei Meetings gestellt wurden.

Wie geschieht dieser Zusammenbruch?

Es gibt kein Wie. Getrenntsein ist nur scheinbar der Fall. Es ist nicht real. So bricht auch nichts zusammen, nicht auf reale Weise. Es gibt nur Erscheinen und das ist das Mysterium. Es ist sowohl real als auch irreal. Du meinst, es gäbe ein reales Ereignis. Das braucht es aber nicht, weil alles schon längst ganz ist. Was nicht mehr da zu sein scheint, ist der Eindruck, dass alles nicht ganz sei.

Aber du hast den Kollaps erwähnt.

Das offene Geheimnis versucht eine Geschichte zu erzählen, die von etwas handelt, das nur scheinbar geschieht. Die Worte beschreiben ein Paradox, aber das macht es nicht real. Ich könnte sagen, dies sei ‚Nichts, das als Alles erscheint‘, doch das sind einfach nur Worte. Sie sind nicht ‚Nichts, das als Alles erscheint‘, sondern Worte, die das zu beschreiben versuchen, was nicht verstanden werden kann. Sie weisen auf etwas hin, das jenseits allen Verstehens ist …

Wenn also nichts real ist, was ist dann dieser Stuhl?

Ein Stuhl ist das Nichts, das ‚stuhlt‘. Da das ‚Ich‘ mit einem Gefühl von Trennung hinschaut, sieht es ihn als etwas Festes. In Wirklichkeit ist der Stuhl eine Bewegung von Teilchen, die um das ‚Stuhlen‘ herumwirbeln, und dann schaut das ‚Ich‘ sich das an und sieht und erfährt es als ein reales, separates Objekt, das es Stuhl nennt.

Du erwähnst einen Unterschied zwischen Erwachen und Befreiung?

Da sprechen wir wieder über die Geschichte. Innerhalb der Geschichte kann es so scheinen, als lebte der Suchende sein Leben und plötzlich sei da kein Suchender mehr, und dann scheint es, als komme der Suchende auf der anderen Seite wieder heraus. Er denkt, etwas Erstaunliches sei geschehen und will daran teilhaben. Dieser Moment vor dem Zusammenbruch – oder nicht – wird Erwachen genannt. Es ist eine erwachende Energie, ein Tanzen zwischen ‚Ich-Sein‘ und ‚Sein-Sein‘, und das kann Jahre dauern oder Minuten, es gibt keine Regeln. Es ist sowohl real als auch unreal.

Gestern hast über die Wellen und den Ozean gesprochen. Ist die Geschichte nötig, um den Ozean zu kennen?

Nichts ist nötig. Die Wellen und der Ozean brauchen einander nicht, sie sind beide, was ist und nicht ist. Nichts braucht irgendetwas, weil alles schon längst ganz ist. Innerhalb des Ganzen erscheint etwas, das sich getrennt vorkommt, und Bedürfnisse beginnen aufzutauchen. Innerhalb der Ganzheit taucht die scheinbare Geschichte des ‚Ich‘ auf – und ‚Ich‘ glaubt, es brauche Dinge, es habe eine bestimmte Absicht, einen freien Willen und könne seine Geschichte verbessern. Es ist Nichts, das als ein getrenntes Etwas erscheint. Das Suchen und die Geschichte sind einfach der absolute Ausdruck von Ganzheit. Es ist schon vollkommen. Das Brauchen wird vom ‚Ich‘ erlebt und ist eine Illusion. Es geht letztlich immer darum, dass alles schon ganz ist, aber die Idee, man könne diese Ganzheit finden, ist illusorisch und zwecklos. Du musst sie nicht finden, weil sie schon Das ist. Aber das sind nur Worte; energetisch gesehen ist es, was geschieht … scheinbar.

Das Sein zu suchen heißt zu glauben, es sei verloren. Ist irgendetwas verloren gegangen, oder ist es einfach nur so, dass das Suchen es verdeckt? Tanzt der Geliebte schon immer knapp jenseits unserer Sicht?

Was hat sich in deinem täglichen Leben – bei der Arbeit, beim Einkauf und so weiter – verändert, nachdem du, wie man so sagt, befreit wurdest?

Ich wurde nicht befreit. Und so musste sich gar nichts verändern. Das Leben ging genauso weiter wie vorher, aber für niemanden. Die Vorstellung, es gäbe eine Veränderung, würde bedeuten, dass irgendetwas besser würde, als es vorher war. Das Gefühl, vom Leben getrennt zu sein, war einfach nicht mehr da. Du kannst es eine Veränderung nennen, wenn du willst, aber in Wirklichkeit geschah gar nichts. Was du sagen könntest, ist, dass da kein scheinbares ‚Ich‘ auf der Schulter sitzt und Urteile über Erfahrungen fällt, über besseres Essen oder schlechteres Essen. Das ist nicht mehr da. Alles ist in diesem Sinn harmonisch, selbst Disharmonie ist harmonisch, sie ist einfach, was ist.

Das ‚Ich‘ möchte gerne glauben, dass ‚So-Sein‘ auch nur eine Geschichte ist.

Das ‚Ich‘ kann die Dinge nur aus seiner eigenen Perspektive deuten. Es sieht alles aus einer dualistischen Perspektive.

Wenn ich dich sprechen höre, ist das so ein Paradox. Es fühlt sich an, als sei nichts wirklich wichtig, da ist solch eine Liebe. Aber der Verstand betrachtet dies als eine bessere Geschichte.

Der suchende Verstand kann immer nur auf irgendeine Geschichte zurückgreifen. Er möchte weiterhin da sein, und eine Möglichkeit, das zu erreichen, ist, dies in eine Religion zu verwandeln oder in eine Idee, dass niemand hier ist, oder in eine Formel. Er denkt, es müsse eine bessere Möglichkeit geben – aber eine bessere Möglichkeit für ‚Mich‘.

Was scheinbar geschieht, ist eine energetische Veränderung. Kann der Verstand das erkennen?

Das kann er nie. So etwas wie einen realen Verstand gibt es gar nicht. Die Trennung wird scheinbar energetisch im Körper gehalten, aber es gibt auch Vorstellungen darüber. Vorstellungen, dass ‚Ich‘ hier bin und wie alles sein sollte. Letztlich kann die Energie des Konstrukts aus Ideen und Glaubensmustern das nie verstehen, weil die gesamte Essenz des ‚Ich‘ in einer endlichen Welt funktioniert und das Unendliche nie verstehen kann.

Was du sagst, ist also gar nicht wichtig. Warum sagst du dann, der Verstand gibt auf?

Es ist nicht so, als würde der Verstand aufgeben; die Illusion der Trennung ist plötzlich nicht mehr da. Die Vorstellungen von ‚Mir‘ als etwas Realem kollabieren mit der Energie. Der Gedanke ‚Ich bin getrennt‘ ist einfach nur ein Konzept, das ausdrückt, was körperlich gefühlt wird. Trennung hat nichts mit Überzeugungen, Gedanken oder Ideen zu tun – sie sind nur eine verbale Bestätigung von etwas Energetischem.

Glaubst du, es gibt irgendeinen Zweck für dich und deine Lehre?

Nein, es gibt keinen Zweck und keine persönliche Lehre.

Aber warum hast du ein Buch geschrieben und warum kommst du hierher?

Ich habe kein Buch geschrieben, ich bin nicht hierhergekommen. Ein Buch wurde geschrieben. Das ist es, was scheinbar geschah.

Geschah es zu irgendeinem Zweck?

Nein, das ist der Traum. Es gibt keinen Zweck; die Vorstellung, irgendwas habe einen Zweck und einen Wert folgert aus der Idee, dass du existierst. Es gibt kein Du. Es gibt nur Nichts, nur leere Fülle.

Wenn das also nur eine Erscheinung ist, kann alles geschehen?

Absolut, alles könnte geschehen. Es gibt keine Möglichkeit zu wissen, was in der Erscheinung als nächstes geschehen wird. Es ist alles scheinbar. Es ist Nichts, das zu geschehen scheint.

Ist es unvorhersehbarer, wenn keiner da ist?

Es ist immer unvorhersehbar. Da ist kein Jemand, der im Nicht-Wissen lebt. Da ist nur Nicht-Wissen. Dies ist neu, es ist Nichts, das als Dies erscheint. Nur das ‚Ich‘ wird frustriert und glaubt, alles könne gewusst werden und sei daher enttäuschend.

In gewisser Weise kann Leere eine Präsenz sein, eine Ewigkeit. Ist es dasselbe wie das, was wir Gott nennen würden?

Worte wie ‚Präsenz‘ und ‚Gott‘ können zu Objekten werden, die gefunden werden wollen. Dies ist alles. Dies ist kein Objekt; indem es alles ist, bleibt es verborgen, und es kann nicht gefunden oder gewusst werden.

Ich habe ein Gebet geschrieben, aber mein Gebet schien alle Eigenschaften zu haben, von denen du sprichst … Aber es ist immer noch ein Objekt …

Manche Menschen sprechen über Schweigen oder Stille. Aber ‚was ist‘, ist nicht still, es ist einfach nur. Kein Wort kann beschreiben, was es ist. Das andere Paradox ist, dass Worte und Gebete auch sind, was ist.

Es gibt gewisse Sprecher, die ihre Identität noch nicht losgelassen haben. Kann ihre Botschaft, die ihrer Erfahrung des Nichts entsprechen könnte, von unserer Wahrnehmung gedreht werden – so dass wir ihnen für unseren Glauben an das, was sie sagen, vergeben können?

So etwas wie eine Erfahrung des Nichts gibt es nicht. Es gibt auch nichts zu vergeben. Selbst eine rein dualistische Lehre kommt aus dem Nichts. Wenn niemand da ist, wird erkannt, dass es die Möglichkeit eines anderen, der einem helfen könnte, nicht gibt. Wenn persönliche Befreiung gelehrt wird, basiert das immer darauf, dass ein Jemand einem anderen helfen möchte, etwas zu finden. Es basiert auf der Vorstellung von Zwei. Alles, was einer anderen Person helfen möchte, ist Dualität, das heißt Ganzheit, die scheinbar als Trennung erscheint.

Was denkst du, soll der Begriff ‚Neo-Advaita‘ bedeuten?

Der Begriff ‚Neo-Advaita‘ wurde anscheinend von traditionellen Advaita-Lehrern adoptiert, um zeitgenössische Lehren, die angeblich Advaita oder non-dual sein sollen, als rein oberflächliche Versuche darzustellen, etwas zu kommunizieren, was Traditionalisten für einen zutiefst komplexen Schatz spiritueller Überzeugungen und Disziplinen halten. Der banale Gedanke dahinter ist, dass die traditionelle ‚Nicht-Zweiheit‘ der neuen ‚Nicht-Zweiheit‘ überlegen ist. Trotzdem gab es anscheinend immer eine verborgene Kommunikation jenseits des Bedürfnisses nach Traditionen, Lehren und Titeln.

Entfaltet sich alles in jedem Augenblick frisch? Du sagtest, alles ist neu ... also ...

Es scheint sich nur zu entfalten. Es ist zeitlos. Es ist das Mysterium. So etwas wie jeden Augenblick gibt es nicht.

Was sagst du zum Thema Glauben? Solange das Reale nicht real ist, braucht es den Glauben.

Glauben ist ein Konstrukt, das Träume und Hoffnungen nährt. Die Menschen haben einen Traum über Religion, und sie hoffen und träumen, ihr Traum möge real sein: So wird Glauben erschaffen. Das hat etwas damit zu tun, seine Hoffnungen und

Träume auf etwas zu projizieren, das man gerne haben möchte. Das lässt sich mit diesem nicht machen, weil das ‚Ich' dies gar nicht haben will. Das ‚Ich' will keine Abwesenheit, also kann man kein Vertrauen in seine eigene Abwesenheit haben. Das ‚Ich' will weiterbestehen, es will verzweifelt überleben und es wird alles tun, was es kann, um zu bleiben. Das Suchen ist eine der effektivsten Möglichkeiten, das zu erreichen, weil das Suchen wunderbar vergeblich ist und somit immer weitergeht. Für das ‚Ich' wäre es das Schlimmste, abwesend zu werden. Und so jagt das ‚Ich' paradoxerweise durch die ganze Welt, um das zu finden, was schon längst Alles ist.

Indem er den Mythos sucht, von dem er träumt, er könnte ihn erreichen, vermeidet der Suchende effektiv, was er am meisten fürchtet ... seine eigene Abwesenheit.

Was meinst du, wenn du sagst, das ‚Ich' besitze das Leiden?

Das ‚Ich' ist wie ein großer klebriger Klumpen, der Energie aufsaugt. Es erlebt alles so, als ob es ihm geschehe und ihm gehöre. Es macht scheinbar alle Gedanken und Gefühle zu seinen eigenen. Es denkt, es könnte erfolgreich werden und auch, es könne erleuchtet werden. Es glaubt, es könne persönlich erleuchtet werden – wie der ‚reiche Mann', von dem Jesus in der Bibel spricht ... scheinbar.

Ich war zwölf Jahre lang in einem Kloster, und da gab es so viel Unsinn – wie der Stolz darauf, unwürdig zu sein. Aber alle die Spiele, die wir spielen, sind so ... und warum wollen wir nicht sterben?

Weil das ‚Ich' von der Suche fasziniert ist. Alles, was wir tun, ist, das ‚Ich', das ‚Selbst' aufzudecken, das in seiner eigenen künstlichen

Realität lebt. Es träumt, es sei absolut real und alles, was auftaucht, sei auch einfach nur real. „Ich bin real, ich lebe in einer realen Geschichte, ich habe einen realen freien Willen und ich habe die Wahl. Ich lebe in einer realen Geschichte, die Sinn und Bedeutung hat, und ich kann von anderen Menschen lernen, wie ich mein Leben auf die Reihe bekommen kann. Ich kann lernen, einem Weg zu folgen, um erleuchtet zu werden." Aber wonach es sich sehnt, ist das Unendliche, die Freiheit und die Grenzenlosigkeit des Unendlichen, die alles ist, was es gibt. Das ‚Ich' lebt in einer begrenzten, endlichen, scheinbaren Subjekt-Objekt-Welt und erlebt auch nur diese Welt. Ohne eine begrenzte Traumwelt gibt es auch kein ‚Ich'. Es kann nicht aufhören, ‚Ich' zu sein, indem es etwas hinterherjagt, das es nie finden wird.

Es ist die Funktion des ‚Ich' zu suchen. ‚Ich' wird aus der Trennung geboren, und es ist das Wesen der Trennung, immer zu suchen. Die Energie der Trennung taucht auf und mit der Trennung taucht ‚Ich' auf, das nur suchen oder sich nach seiner Heimat, dem Eins-Sein, sehnen kann. Wir enthüllen die Möglichkeit, dass das ‚Ich' ein Traum ist, der kollabieren kann, und wir teilen auch die Erkenntnis, dass ein Ding namens ‚Ich', welches ein anderes Ding namens ‚Erleuchtung' finden kann, gar nicht existiert.

Könntest du noch mehr über den göttlichen Liebenden sagen und die Beziehung mit der Geschichte und dem Nichts?

Es gibt keine Beziehung zwischen dem göttlichen Liebenden und dem Nichts. Nichts ist der göttliche Liebende. Nichts ist auch Alles, dies ist Nichts, das als Alles erscheint. Es gibt nicht Nichts irgendwo oben in einer Wolke, in einer Kirche im Himmel, die das Relative herabregnen lässt. Das, was ist, ist Nichts – und das ist das Paradox. Es gibt keine Möglichkeit, dies zu verstehen oder zu wissen. Es gibt keine Beziehung zwischen dem göttlichen Liebenden und Nichts, weil sie dasselbe sind. Das, worauf du sitzt, ist bedingungslose Liebe. Dies ist keine spirituelle Botschaft; es ist wirklich so, dass das, was hier geschieht, Nichts ist, das als Alles erscheint. Und jeder hier in diesem Raum wird in Wirklichkeit ständig geliebt. Ein Schmerz im Körper, ein Gefühl der Wärme, Denken – all das ist der Geliebte. Es gibt nichts, was nicht der Geliebte ist. Diese Liebe ist bedingungslos. Sie entscheidet sich nicht für jemanden, weil er nett aussieht oder die letzten drei Wochen meditiert hat.

Bedingungslose Liebe ist grenzenlos und sie berührt jeden in diesem Raum genau jetzt, indem sie ist, was geschieht. Der Verstand wird sagen: „Wie kann das sein, wenn es Schmerzen und Elend gibt?" Nun, Elend und Schmerzen sind das Ganze, das sich als elendig und schmerzlich zeigt. Du kannst dem, wonach du dich sehnst, nicht entfliehen – es lässt das nicht zu, es ist schon dies. Für ‚Ich' besteht das Problem darin, dass es glaubt, eines Tages werde es geschehen. Erleuchtung geschieht aber nicht eines Tages, sie ist schon dies, jetzt. Wenn das künstliche, scheinbare ‚Ich' kollabiert, dann bleibt nur übrig, was ist. Erleuchtung ist also nicht etwas, das irgendjemandem zustößt, sie ist schon jetzt das Alles.

Der Geliebte unterbricht also das Suchen des Ego?

Nein, er unterbricht es nicht. Das Geliebte ist Nichts, das als das Suchen des Ego erscheint. Andernfalls geraten wir in den Dualismus. Es ist nichts falsch am Suchen. Das Ego und das Suchen sind einfach nur, was anscheinend geschieht. Der Liebende hat kein Interesse daran, irgendetwas zu unterbrechen, denn der Liebende ist alles, auch die scheinbare Unterbrechung.

Also selbst wenn ich hier bin und mein Geist viel ruhiger wird, hat das nichts mit dem Geliebten zu tun?

Friedlich zu sein oder nicht friedlich zu sein ist der Geliebte.

Aber das ‚Ich‘ kann das nie wissen?

Der Liebende ist ein Magier: Die freie Energie kann schneller reisen als das Licht, sie kann von sich selbst getrennt erscheinen. So kann der Geliebte scheinbar von sich selbst getrennt sein und Berge ersteigen und Reis essen und in Höhlen leben und nach dem suchen, was schon längst ist. Es ist absolut bedeutungslos. Wenn es Bedeutung hätte, wäre es nicht frei. Wonach wir uns sehnen, ist die absolute Freiheit – aber das ‚Ich‘ fürchtet sie, weil Freiheit nicht kontrolliert werden kann.

Was ist die Erfahrung, wenn du dort stehst?

Ich kann es dir nicht sagen. Was ist und was nicht ist, kann nicht beschrieben werden. Es kann nicht gewusst werden, weil es das Ganze ist. Wenn es beschrieben werden könnte, könnte es auch gewusst werden. Es ist total gewöhnlich und natürlich und atemberaubend offenkundig, für niemanden.

Wenn das, was nicht real war, wegfällt – welche Worte sollte ich dafür verwenden?

Du kannst keine Worte verwenden, weil es nicht verstanden werden kann. Wie könnte etwas, das nicht real ist, wegfallen?

Aber da ist eine Veränderung oder eine Wandlung, die anscheinend passiert?

Es ist das Ganze, das sich scheinbar verändert. Die scheinbare Veränderung ist sowohl real als auch unreal.

Es verändert sich also nichts und es geschieht auch nichts?

Nichts verändert sich und – schlimmer – nichts geschieht. Das ist für das ‚Ich‘ unverständlich, weil das ‚Ich‘ in einer Welt der Geschehnisse lebt, in einer Welt des Wissens darum, dass Dinge geschehen. Es ist komplett illusorisch. Es gibt viele Lehren der Selbsterforschung, die davon sprechen, dass das Endresultat Bewusstsein sei oder alles erkennt sich selbst. ‚Ich' kann sich der Hoffnung nicht entziehen, dass ‚Ich' am Ende eine Antwort finden wird. Und die Antwort muss wohl sein, dass Bewusstsein sich selbst kennt. Es ist ein Märchen, das auf der absoluten und kläglichen Angst vor dem Nichtwissen beruht. Nichtwissen ist erschreckend für ‚mich', es bedeutet ‚Ich werde nicht da sein' – und so wird gelehrt, dass das letztliche Ziel darin besteht, zu wissen, dass ‚Ich' bin. Es gibt jedoch kein ‚Ich', das ‚sein' sein kann.

Es ist nicht möglich, das zu verstehen, aber bin ‚Ich' es, der das hier die ganze Zeit hören will? Ich komme jedes Mal, weil ich das immer wieder hören will. Ist das der Suchende oder etwas anderes?

Das letzte, was der Suchende hören will, ist dies. Es glaubt, er wolle es hören und der Trick dabei ist, dass er kommt und nicht wirklich hinhört. Der Suchende kann nicht hören, dass da niemand ist, das ist komplett unmöglich. Aber das macht nichts, weil vollkommen irrelevant ist, ob es gehört wird oder nicht gehört wird. Es ist jenseits von Worten.

Ich komme immer wieder und wenn ich heimfahre, fühle ich mich friedlicher. Ich dachte, das läge an dem, was du sagst …

Man könnte sagen, dass das, was gesagt wird, etwas Festgehaltenes lockert. Das ‚Ich' sammelt auch alle möglichen Ideen über sich selbst und über das Suchen. Es gibt da draußen so viele Menschen, die versuchen, einem Jemand beizubringen, wie er erleuchtet wird, und so sammelt das ‚Ich' alle möglichen Vorstellungen über das Wesen der Erleuchtung. In gewissem Maße kann das, was hier gesprochen wird, diese Vorstellungen lockern und die komplette Zwecklosigkeit der Idee, erleuchtet zu werden, aufzeigen. Was außerdem anscheinend geschehen kann, ist, dass der auf einer energetischen Kontraktion beruhende Eindruck, es gäbe ‚Mich', auf unpersönliche Grenzenlosigkeit trifft. Diese eingeschnürte Energie kann sich anscheinend in die Grenzenlosigkeit – in ‚alles, was ist‘ – auflösen. Das ist die Energie der Heimkehr, und sie ist absolut jenseits aller Worte. Es ist ein wenig wie Licht und Dunkelheit; in gewisser Weise scheint mehr Licht da zu sein, und dann kommt die Dunkelheit wieder zurück, aber nie mehr so stark wie zuvor, und das Licht scheint zu wachsen. Was hier gesagt wird, weist einfach nur zur Unendlichkeit hin, und nicht von ihr weg. Es gibt hier nichts, das dir sagt, du könntest das Unendliche finden. Das ist der Grund, warum es eine seltene Botschaft ist, die permanent abgelehnt wird.

Kannst du etwas über die Einheit der Gegensätze sagen?

In der natürlichen Realität gibt es keine Gegensätze, die real wären. Alle Gegensätze sind einfach nur eine Erscheinung. In jener natürlichen Realität ist – für niemanden – absolut klar, dass alles gleichzeitig real und unreal ist. Weil an nichts irgendetwas real ist, hat das, ‚was ist‘, weder Macht noch Bedeutung, es ist einfach nur eine Erscheinung. Innerhalb der Erscheinung scheint es Gegensätze zu geben, aber an den scheinbaren Gegensätzen ist nichts bedeutungsvoll oder mächtig. In der Welt scheint es maskuline und feminine Gegensätze zu geben, aber in Wirklichkeit sind sie Einheit, die als maskuline und feminine Energie erscheint. Sie sind eine Metapher für Befreiung. Die feminine Energie wird von der maskulinen Energie angezogen und abgestoßen, und umgekehrt. Aber wenn sie scheinbar loslassen und zusammenkommen, bleibt nichts übrig außer Einheit. Scheinbare Gegensätze sind alle ein Ausdruck der Ganzheit. So ist die Manifestation vollkommen neutral – sie ist Nichts, das sich manifestiert. Sie muss nirgends hingehen und nirgends herkommen, sie ist neutral. Es gibt kein wirkliches Gesetz. Es ist Energie, die erscheint und Alles und Nichts ist.

Es ist so offensichtlich und so einfach, dass jedes danach greifen es verdeckt. Nie gefunden, nie verloren, nie verstehbar, ist Sein die vollkommene Abwesenheit dessen, was unmessbar ist.

PERSÖNLICH ODER UNPERSÖNLICH?

Die Begriffe ‚non-dual‘ oder ‚Advaita‘ versuchen das Prinzip der Ganzheit, der All-Einheit oder dessen zu beschreiben, was schon in Einheit ist. In den letzten zehn Jahren scheint das Interesse an dem, was als ‚Advaita‘ oder ‚non-duale‘ Kommunikation über Erleuchtung bekannt ist, gewachsen zu sein. Die jüngsten Interviews im Conscious TV und die wunderbar gestaltete DVD ‚*Who's Driving the Dreambus?*‘ zeigen einen guten Querschnitt von Menschen mit einer ‚nicht-dualen‘ Einstellung, deren Wahrnehmungen sich jedoch beträchtlich unterscheiden. Es gibt eine riesige Anzahl Bücher zum gleichen Thema mit extrem verschiedenen Sichtweisen. Dieser Tage wird der Begriff ‚non-dual‘ für alle möglichen Suchaktivitäten verwendet. Du kannst zu ‚nondualen‘ Konferenzen gehen oder dir einen ‚zwölfmonatigen Kurs in non-dualer Erleuchtung‘ gönnen. Non-duale Therapiesitzungen werden angeboten, und es gibt sogar einen ‚non-dualen‘ Gesprächsclub im Internet, an dem ‚niemand‘ teilnehmen kann! Das kann für alle, die Interesse an diesem Thema haben oder es zu erforschen beginnen, sehr verwirrend sein.

Die Wahrnehmung des offenen Geheimnisses ist jedoch, dass es zwei verschiedene Kommunikationsweisen über das Wesen der Erleuchtung gibt. Eine ist persönlich, die andere ist unpersönlich. Die erste bietet der suchenden ‚Person‘ Hilfe und Anweisungen, um etwas namens Erleuchtung zu finden. Die zweite bietet der ‚Person' gar nichts. Die erste erscheint in vielen verschiedenen Formen und hat eine große Anhängerschaft, weil sie auf die Bedürfnisse der ‚Person' einzugehen scheint. Die zweite ist unvertraut und energetisch herausfordernd. Die persönliche Botschaft basiert auf der Überzeugung, es gäbe so etwas wie einen getrennten Suchenden, der etwas anderes namens Erleuchtung erlangen kann. Die unpersönliche Botschaft sieht das verkörperte Empfinden, scheinbar getrennt und unerfüllt zu sein, als scheinhaften Zustand, der den scheinbaren Suchenden antreibt, eine weitere Illusion namens persönliche Erleuchtung zu suchen.

Jede Kommunikation, welche die Überzeugung oder die Vorstellung des Suchenden unterstützt und ermutigt, er könne irgendetwas finden, das er verloren zu haben glaubt, verstärkt und unterstützt einfach nur eine dualistische Illusion. Das ist nicht richtig oder falsch … es ist, was scheinbar geschieht. Die unpersönliche Wahrnehmung beinhaltet, dass alle Konzepte, Ideen, Überzeugungen und Gedanken über Trennung oder Erleuchtung immer nur eine Reflexion ihres Gegenteils und somit immer nur ein Fingerzeig sein können, der auf das hin- oder von dem weg-deutet, was nicht ausgedrückt oder gewusst werden kann. Das scheinbare Getrenntsein wird essenziell als verkörperte, kontrahierte Energie gesehen, die sich scheinbar ganz einfach und plötzlich in jene grenzenlose Lebendigkeit auflösen kann, die unerkennbar und unpersönlich ist. Die Umstände sind vollkommen irrelevant. Keine noch so große Anzahl klarer oder verwirrter Konzepte könnte jemals diese energetisch gehaltene Empfindung von Getrenntsein berühren oder beeinflussen.

Eine tief empfundene ‚spirituelle Erfahrung' kann manchen Menschen wie eine persönliche Erleuchtung erscheinen, woraufhin möglicherweise der Wunsch auftaucht, anderen zu helfen oder ihnen beizubringen, eine ähnliche Erfahrung zu machen. Eine solche Kommunikation kann manchmal scheinbar ‚non-dual' sein, wenn der Lehrer das Wesen der Einheit beschreibt. Aber sie widerspricht sich selbst, indem sie dem Suchenden einen Prozess empfiehlt, der ihm helfen kann, jene Einheit zum Beispiel durch Selbsterforschung, Meditation oder Reinigung zu erlangen. Da kann es die Ermutigung geben, ‚in der Gegenwart‘ zu leben, ‚jetzt hier zu sein‘ oder ‚die Angst zu umarmen‘, damit die betreffende Person ‚ihre eigene wahre Natur‘ finden kann. Diese Art persönlicher Anleitungen wird oft von inspirierenden, aber stets nur positiven Idealen begleitet, die den Suchenden erheben und ihm neue Hoffnungen und Ziele geben können. Es scheint, dass diese Art des Austauschs zwischen zwei Menschen von ihrem Wesen her innerhalb der Geschichte und in der Zeit stattfindet, und ihr Einfluss ist somit vergänglich. Der Austausch erfüllt ein Bedürfnis … für eine Weile.

Eine unpersönliche Kommunikation erkennt und beleuchtet das scheinbare Dilemma des Suchenden: dass er scheinbar in einer verkörperten Erfahrung der Trennung gefangen ist. Sie wird das Wesen grenzenloser Lebendigkeit inadäquat beschreiben, sowie das Gefühl der Unzufriedenheit und Sehnsucht, das dadurch entstehen kann, dass man scheinbar davon getrennt ist. Sie wird auch ohne jeden Kompromiss die absolute Nutzlosigkeit und Hoffnungslosigkeit des Suchens enthüllen, sowie das Geschenk der Freiheit aufzeigen, das in dieser Hoffnungslosigkeit verborgen ist.

‚Niemand‘ kann behaupten, diese unpersönliche Botschaft zu besitzen und so gibt es keine Motivation, ihr Lob zu singen. Außerdem kann es keine persönliche Absicht geben, der anderen ‚Person‘ zu gefallen, ihr zu helfen oder sie zu verändern. Es gibt hier gar nichts für die ‚Person‘, außer der entsetzlichen Möglichkeit, dass alles, was sie sich selbst erträumt und erhofft, verloren gehen könnte.

Immer, wenn die persönliche Identität mit ihrer Suche, ihren Hoffnungen und ihren Träumen bedroht zu sein scheint, kann es passieren, dass diese Botschaft abgelehnt und anschließend zu dem zurückgekehrt wird, was der einzigartigen menschlichen Illusion der Selbstautonomie, die zur Selbsterfüllung führt, dient. Die unpersönliche Botschaft kann dann als wertend oder nihilistisch betrachtet werden und sogar lieblos erscheinen, weil sie der ‚Person‘ alles nimmt. Gewiss, diese singuläre Beständigkeit, die einfach nur dem bedingungslosen Mitgefühl entstammt, das die Illusion der persönlichen Einkerkerung enthüllt, kann durchaus etwas Herausforderndes haben. Aus dieser Enthüllung kann eine Resonanz entspringen, die ‚Niemandem‘ zu eigen ist.

Wie kann die ‚Person‘ das Unpersönliche hören?

Wie kann das Unkennbare gekannt werden?

Wie ist es möglich, dass eine ‚Person‘ sich ihrer ‚eigenen Abwesenheit stellt‘?

Wie kann der Suchende das erfassen, was schon alles ist?

Es ist nicht schwer ... es ist unmöglich ... und wunderbar irrelevant, weil es nichts Separates zu erfassen gibt.

Ganzheit ist schon alles, was ist! Sie ist die grenzenlose, unpersönliche, bedingungslose Freiheit, die schon vollständig ist ... Nichts wird von dem, was alles ist, benötigt!

Dennoch, und das ist das Paradox: da Ganzheit alles ist, kann sie auch als alles Mögliche erscheinen ...

Ganzheit kann als die Geschichte eines Selbst auf einer bedeutungsvollen Reise erscheinen.

Ganzheit kann als getrennte Personen mit freiem Willen und freien Entscheidungen erscheinen.

Ganzheit kann als eine Person erscheinen, die erleuchtet zu sein scheint und anderen Menschen hilft, erleuchtet zu werden.

Ganzheit kann als eine Kommunikation erscheinen, die trennt und sich non-dual nennt.

Ganzheit kann im Spiel der Erscheinungen vorgeben, etwas außerhalb ihrer selbst Befindliches zu sein, das überall herumrennt, um das zu finden, was schon längst ist. Das ist eine erstaunliche und unerfüllende, traumartige Geschichte, die einzigartig menschlich und auf grandiose Weise sinnlos ist. Für den scheinbar Suchenden jedoch scheinen der Schmerz und die Sehnsucht der Trennung sehr real zu sein.

Sollte der Suchende also den spirituellen Berg erklimmen oder einfach loslassen und sich dem Leben ergeben? Ist das die Frage? Oder ist es möglich, dass es gar keine Frage und keine Antwort gibt? Vielleicht ist das, was gesucht wird, alles, was da ist. Vielleicht ist der ersehnte Geliebte schon längst das, was ständig geschieht ... er ist nie fort gewesen ... der Suchende ist weggegangen, um nach ihm zu suchen.

Vielleicht, wenn sich der Traum vom Suchen in jene grenzenlose Energie auflöst, die keine Trennung, keine Ziele und keine Erwartungen kennt, wird diese Sehnsucht plötzlich von jener bedingungslosen Liebe umarmt, die niemandem gehört.

Es folgt ein Beispiel für eine Einführung in die Meetings des offenen Geheimnisses:

Wir teilen also ein Geheimnis miteinander. Das Geheimnis ist, dass es nichts gibt außer dem Absoluten Relativen, der Formlosen

Form, der Leeren Fülle – alles scheinbare Energie. Alles, was es gibt, ist Energie und sie ist absolut frei. Es gibt kein Ding, das die Energie lenkt oder beeinflusst … keinen Gott, kein Bewusstsein … Energie ist ohne Absicht, Bedeutung oder Zweck … sie ist und ist nicht.

Energie ist auch eine Magierin. Sie kann anscheinend schneller reisen als das Licht und gleichzeitig absolute Leere sein.

Energie ist frei und grenzenlos und kann deshalb auch als kontrahiertes Getrenntsein erscheinen. Wenn diese kontrahierte Energie in der menschlichen Physiologie stattzufinden scheint, taucht ein Gefühl der Trennung auf … ein Gefühl der Identität … ein ‚Selbst‘, ein ‚Ich‘ nimmt eine scheinbare Form an und scheint real zu sein.

Die gesamte Struktur der Selbstidentität ist wie ein hypnotischer Traum. In dem Traum fühlt sich jenes ‚Selbst‘ absolut real an. „Ich bin eine reale Person und lebe in einer realen Welt und habe eine reale Geschichte, die Geschichte meines Lebens. Ich wurde geboren, ich lebe und ich werde sterben, und diese Reise hat Bedeutung und Sinn.“

Die andere Sache, die innerhalb jenes Traumes auftaucht, ist die absolute Überzeugung, das Individuum habe einen freien Willen und Entscheidungsfreiheit. Es glaubt, es könne seine eigene Geschichte beeinflussen. Und das Individuum in jener geträumten Realität sieht alles andere als von ihm getrennte Objekte. Das ‚Ich‘ oder das ‚Selbst‘ sieht einen Baum oder den Himmel oder eine andere Person niemals so, wie sie natürlicherweise sind. Das ‚Ich‘ sieht sie durch einen Schleier der Trennung, und das ist irgendwie nicht befriedigend. ‚Ich‘ lebt in einer geträumten Realität, in der alles ein Subjekt oder ein Objekt ist. „Ich bin das Subjekt und sie, das Objekt, ist dort hinten. Die Wand ist da vorne, die Bäume sind dort und ich bin hier“, und so weiter. Das Gefühl des

Getrenntseins kann zutiefst unbefriedigend sein. Es wird durch Gewahrsein, durch Selbst-Bewusstsein aufrechterhalten.

Es gibt Menschen, die anscheinend offen genug sind, zu erkennen, dass ihnen irgendetwas fehlt; irgendetwas ist nicht erfüllend. Die meisten Menschen, die in einem ‚Ich'-Traum leben, haben gewissermaßen das Gefühl, sie könnten ihr Leben zufriedenstellend machen. Sie fühlen sich irgendwie unbefriedigt, aber dann gehen sie los und versuchen vielleicht, massenweise Geld zu verdienen, Macht zu gewinnen, viele Liebhaber zu haben oder was auch immer. Sie versuchen ein verborgenes Mangelgefühl zu befriedigen. Einige sensible Menschen spüren, dass dieser Mangel auf etwas Tieferem beruht. Sie suchen die Antwort in der Religion oder in einer Therapie, oder sie haben vielleicht von etwas namens Erleuchtung gehört und glauben, das könnte die Antwort sein. Also gehen sie vielleicht zu einem Erleuchtungslehrer. Sie sind mit der Überzeugung aufgewachsen, dass sie Individuen sind und die Wahl treffen können, ihr Leben selbst zu verbessern. Und in dieser Vorstellung, sich bemühen zu müssen, um Erfüllung zu finden, bleiben sie gefangen. So gehen sie also zu einem Lehrer, der ihnen persönliche Erfüllung verspricht – christliche Erfüllung, therapeutische Erfüllung, durch die man zu einer ausgeglicheneren Person wird, oder erleuchtete Erfüllung, bei der man persönlich erleuchtet wird. Sie erfahren, dass sie die Erleuchtung erlangen können, wenn sie einer Liste mit bestimmten Anleitungen folgen oder so ähnlich. Das ist eine sehr kraftvolle Botschaft. Bei seiner Entwicklung legt sich das ‚Ich' verschiedene Vorstellungen zu, und eine der kraftvollsten Überzeugungen ist der Glaube an ein höheres und ein niedriges Selbst. Das höhere Selbst reagiert auf jede progressive Lehre, die spirituell erscheint, und wird viel Energie aufwenden, um würdiger zu werden. Die Botschaft solch einer Lehre hat weltweit große Macht, weil sie das ‚Ich' anspricht, das sich verloren fühlt. Sie spricht zu dem höheren Selbst. Sie sagt:

„Ja, du fühlst dich verloren, aber ich kann dir zeigen, wie man nicht länger verloren ist. Ich kann dir zeigen, wie du erfüllt werden kannst."

Was wir also miteinander teilen, ist die Entlarvung des künstlichen ‚Ich'-Konstrukts – des scheinhaften Gefühls, es sei real und habe eine reale Wahl – und der schrecklichen und wunderbaren Vergeblichkeit seiner Bemühungen, Erfüllung zu finden. Wir teilen die erhellende Erkenntnis, dass das ‚Ich' in einer begrenzten Welt lebt, einer Subjekt-Objekt-Welt. Es kann nur in jener Welt existieren. Es existiert dort, weil es sich seiner selbst bewusst ist. In einem sehr frühen Alter übernimmt das Selbst-Bewusstsein die Macht: „Ich bin mir meiner selbst bewusst." Es wächst und wächst, und das, was gesucht wird, ist durch seine persönliche Erfahrung jener kontrahierten Realität begrenzt. Es sucht das Unendliche in einer künstlich begrenzten Erfahrung, von der es träumt, sie sei real.

Der Suchende blickt also ständig mit dem Gefühl auf die Welt, ein Subjekt zu sein. Er sucht ständig nach einem Objekt namens Selbst-Erfüllung. Was wir miteinander teilen, ist, dass diese gesamte Anstrengung aufgrund der Natur des ‚Ich' absolut und vollkommen vergeblich ist. Die Antwort hier wird also ständig darin bestehen, auf den illusionären Traum, es gäbe ein ‚Ich', hinzuweisen – und darin, dass eine andere Möglichkeit auftaucht.

Wir können auf diese Weise miteinander sprechen, aber was viel wichtiger ist: Die wirklich befreiende Energie, die geteilt wird, bleibt unausgesprochen. Das, wofür wir wirklich hier sind, kann nicht in Worte gefasst, nicht verstanden, nicht festgehalten werden. Worüber wir sprechen ist ein Paradox. Trennung ist Energie in scheinbar kontrahierter Form. Sie ist kein Gedanke, keine Überzeugung, keine Idee. Die kontrahierte Energie, die dem ‚Ich' real erscheint, kann anscheinend kollabieren. Das, wonach sich der Suchende sehnt, war nie verloren. Der Suchende sucht irgend-ein abstraktes Objekt dort draußen, lebt aber in Wirklichkeit in dem, wonach er sich sehnt. Dies ist somit die Entlarvung eines illusionären Traums und ein Hinweis auf etwas, das komplett einfach und alltäglich und herrlich ist.

$$\circ \ \circ \ \circ$$

Das ‚Ich'-Konstrukt und die scheinbare Befreiung können nur Menschen, der Menschheit geschehen?

Es gibt keine Sache wie Befreiung, die geschieht. Das ‚Ich' hat das Problem, dass es nach etwas Ausschau hält, was geschehen könnte. Es lebt in einer Welt, in der es darum geht, was ‚Mir' als nächstes zustößt. Befreiung geschieht nicht. So etwas wie Befreiung gibt es gar nicht, weil alles schon längst ganz ist. Alles, was du sagen könntest, ist, dass das, was scheinbar innerlich kollabiert, die Ganzheit ist, die vorgibt getrennt zu sein. Trennung ist die einzige Illusion. So etwas wie eine reale Individualität gibt es nicht. In diesem Raum sind nur Körper, von denen sich einige vorkommen wie getrennte Menschen. Tiere haben nicht die Fähigkeit, ein individuelles Identitätsgefühl zu abstrahieren. Gleichzeitig mit dem Gefühl, vom Ganzen getrennt zu sein, beginnt die Suche und das Leben in einer Subjekt-Objekt-Realität sowie ein Zustand ständiger Erwartung.

Jeden Tag fühle ich, dass da ein ‚Ich' ist. Aber es gibt Momente, in denen das Gefühl nicht da ist; da wird einfach getan, was ich tue. Dann gibt es Situationen, in denen kein ‚Ich' da ist, sondern ein Gewahrsein von Dingen wie auftauchenden Gedanken und einem weiten Fokus.

Wenn die Illusion des ‚Ich' nicht mehr da ist, geht alles weiter wie vorher, aber für niemanden.

Wenn die Illusion aber zurückkommt, scheint sie so real zu sein.
Und im nächsten Moment wieder nicht ...

Das ist der Zwischenzustand, ‚Ich‘ und ‚Nicht-Ich‘. Plötzlich ist da kein ‚Ich‘, es ist, als fiele etwas ab, das nie da war.

Dann sollen wir letztlich also einfach weitermachen?

Wer ist da, der weitermachen könnte? Das ist eine weitere Wahl. Du könntest genauso gut sagen, wir sollten einfach nicht weitermachen. Da ist wieder die Idee, du könntest akzeptieren, dass es hoffnungslos ist und einfach mit deinem Leben weitermachen. Es ist absolut hoffnungslos für ‚Mich‘. Du kannst dieses Gefühl des Getrenntseins nicht mit einer Vorstellung von Akzeptanz überwinden. Eine der Verwirrungen, die für ‚Mich‘ auftauchen können, ist die Idee, es gebe eine Möglichkeit ‚non-dual‘ zu sein, oder ‚im Moment zu sein‘ oder ‚vollkommen unidentifiziert zu sein‘ oder sonst etwas. Die Menschen strengen sich sogar an, ‚Nicht-Ich‘ zu sein. Das ist eine Vergeblichkeit, die auf dem Versuch fußt, ‚es‘ zu verstehen und ‚es‘ dann zu tun.

Was glaubst du, wofür sind wir dann hier bei diesem Meeting?

Für nichts. Du kommst hierher und glaubst, du könntest etwas bekommen, und es kann sein, dass du mit nichts wieder gehst. Was den Suchenden angeht, ist diese Botschaft vollkommen und total nutzlos. Hier wird überhaupt nichts angeboten.

Es gibt keine Antwort auf das Leben, weil das Leben seine eigene Antwort ist. Es geschieht schon längst. Es ist dies. Es war nie verloren. Wenn Befreiung scheinbar geschieht, sagen die Menschen: „Es ist unglaublich, denn das Ding, nach dem ich gesucht habe, hat mich nie verlassen. Es ist das eine Ding, das nie kommt und nie geht – die eine Konstante, die nie gewusst oder festgehalten werden kann.“

Vielleicht gibt es etwas zu verlieren, obwohl es nichts zu gewinnen gibt. Das fühlt sich gut an.

Es ist ein Killer hier im Raum. Der ganze Raum lädt ‚dich‘ ein, zu sterben. Alles im Leben – sich warm fühlen, denken, auf einem Stuhl sitzen – ist eine Einladung zu sterben. Du lebst in der konstanten Gegenwart dessen, nach dem du dich sehnst. Alles, wonach du dich sehnst, schreit dich ständig laut an, aber es ist nicht zu hören, weil das ‚Ich‘ nicht sterben will. Irgendwie wissend, dass es nie finden wird, was es sucht, setzt das ‚Ich‘ die Suche scheinbar fort, um weiter bestehen zu können. Die effektivste Möglichkeit für das ‚Ich‘, nicht zu sterben, ist es, weiterzusuchen.

Gibt es ein Leben nach dem Tod?

Es gibt keinen Tod. Niemand wird geboren, niemand lebt und niemand stirbt. Mit dem scheinbaren Tod hört der Traum des ‚Ich‘ auf zu funktionieren. Das kann im lebendigen Körper stattfinden oder beim physischen Tod. Ich kann euch nicht erzählen, wie das ist – das kann keiner. Es entzieht sich jedem Wissen. Das Ende von ‚Mir‘ ist das Ende des Wissens, und deshalb kann es euch niemand erzählen. Aber der Verstand wird das immer zurückweisen, und viele Lehren in der Welt werden dir erzählen, wie du mit dem Gefängnis des ‚Ich‘ umgehen kannst. Das liegt am Glauben an die Phantasie eines ‚Ich‘. Jede persönliche Lehre nährt den Dualismus, indem sie glaubt, sie könne eine Antwort finden. Es gibt keine Antwort, weil es keine Frage gibt.

Ich dachte ich hätte das alles; ich dachte ich hätte ein Erwachen gehabt und habe eine Website gestaltet, aber jetzt bin ich wieder zurück, wo ich angefangen habe.

Das Wunderbare ist, dass du gar nicht begonnen hast. Da ist niemand, der beginnen könnte und nirgendwohin zu gehen.

Das Leben hat also gar keinen Sinn?

Das hängt davon ab, was du mit Leben meinst. Leben erscheint, aber die Erscheinung ist vollkommen ohne Sinn und Ziel. Wenn da ein Ziel wäre, gäbe es eine Reise oder ein Morgen. Das ist das ,Ich'-Dilemma. Es gibt nur das Unendliche; du schaust auf das Unendliche. Es braucht kein Ziel, es ist schon jetzt vollständig und erfüllt. Das Gefühl für das Leben ist hundertprozentig da.

Ich habe schon früher Lehrer gehabt, und sie hielten das, was sie erzählten, für wahr. Ist das ,Ich' also fähig, dies zu produzieren?

Innerhalb seiner bedeutungsvollen Geschichte ist das ,Ich' anscheinend sehr mächtig. Wenn ein Mensch das Gefühl hat, persönlich erfüllt zu sein, und daher ein Lehrer wird, wirkt das oft sehr stark auf andere Menschen in der Geschichte. Wenn man einen Raum betritt, in dem der Lehrer den Traum der Selbst-Ermächtigung träumt, spürt man etwas. Aber es ist alles emotional, alles ein Spiel mit Erfahrungen. Es scheint sehr machtvoll zu sein und ist komplett bedeutungslos. Es gibt eine Menge sogenannter non-dualer Lehren, die sehr wortreich über die Einheit berichten, und dir dann sagen, was du tun musst, um sie zu finden. Es gibt nur Einheit. Wie kann Eins ein Zweites sein, das Eins finden könnte?

Es kann anscheinend vorkommen, dass eine Nicht-Identifikation mit dem konzeptuellen Selbst-Gefühl stattfindet, zusammen mit einer vergänglichen Gewahrseins-Erfahrung oder einem Zustand der ,Präsenz ohne Konzepte'. Doch das ist weiterhin nichts als eine Aufspaltung in Subjekt und Objekt, die sich gelegentlich mit diesem Zustand der ,Präsenz' identifizieren kann. Da kann der aufrichtige Versuch bestehen, anderen beizubringen, dieselbe Erfahrung zu ,erreichen', aber das geschieht alles weiterhin in der Traumgeschichte und ist deshalb ein vergänglicher Zustand.

In letzter Zeit haben manche Lehrer behauptet, sie hätten Non-Dualismus erfahren und sich dann zu etwas Größerem weiterbewegt. Was soll das denn jetzt bedeuten?

Da geht es um das Unverständnis in Bezug auf das Wesen des Non-Dualismus. Es scheint eine weitverbreitete und falsche Vorstellung zu geben, dass Non-Dualismus ein persönlicher Zustand des ‚Lebens im Moment' ist, oder des ‚Wissens, es gibt kein Ich', oder des ‚Findens deines eigenen wahren Wesens'. Non-Dualismus ist ein Begriff, der – wie Advaita – das Mysterium der Einheit bezeichnet, des Nichts, das Alles ist. Es ist keine persönliche Erfahrung, die ein- und ausgeschaltet werden kann. Die Behauptung, ein Jemand könne Nichts-das-Alles-ist erleben und sich dann zu etwas Größerem weiterbewegen, ist lächerlich. Sie basiert normalerweise auf Unverständnis oder dem Bedürfnis, etwas Besonderes zu sein.

Manchmal sind die Worte ähnlich wie hier, aber das Gegenteil passiert. Spürt das ‚Ich' die Gefahr zu verschwinden und produziert dann etwas Ähnliches, um dableiben zu können? Manchmal sind die Worte dafür da, etwas darüber zu lernen.

Dies ist keine persönliche Lehre, dies ist eine Illumination. Da gibt es keinen Versuch, irgendjemandem zu helfen, weil erkannt wird, dass da niemand ist, der helfen könnte. Es kann keinen Plan oder irgendeine Hilfe geben. Aber es gibt eine ganze Menge Lehren, die eine ähnliche Sprache benutzen – sie beruhen jedoch nur auf einem konzeptionellen Verständnis, das normalerweise von dualistischen Vorschlägen untergraben wird. Wie auch immer – es ist einfach nur Ganzheit, die vorgibt ein Lehrer zu sein, der versucht, der Ganzheit, die vorgibt ein Student zu sein, zu helfen.

Verschiedene Leute benutzen verschiedene Worte, und etwas anderes wurde übermittelt, das das Gefühl, mich verbessern zu müssen, beruhigte.

Es ist klar, dass die Lehren den Menschen helfen, sich besser zu fühlen, und das wird als Mitgefühl bezeichnet. In Wirklichkeit ist es das Gegenteil, weil es das Gefängnis verstärkt und unterstützt.

Sie machen das Gefängnis einfach nur bequemer ... für eine Weile. Das ist die reine Komplizenschaft, damit der Traum weitergeht.

Soll das bedeuten, dass Psychiater und Psychotherapeuten nur das tun? Wie können sie nach der Befreiung weiter funktionieren?

Das einzige, was Menschen passieren könnte, die mit anderen arbeiten, ist, dass ihre Arbeit sich scheinbar verändert und sie beginnen, diese Erleuchtung in ihre Therapie mit einzubeziehen. Sie würden dann Menschen anziehen, die für diese Möglichkeit offen sind. Obwohl es nicht das ‚Ich‘ ist, das offen ist ... wenn eine Öffnung für das geschieht und es auf Nichts trifft, das auf etwas jenseits des Selbst hinausweist, dann kann Befreiung geschehen ... anscheinend.

Und alle diese Leute, die wie ich auf diese Weise arbeiten – was sollten wir tun?

Es ist nichts falsch daran – es ist einfach, was innerhalb der Geschichte geschieht. Du bist kein Psychotherapeut, so etwas gibt es gar nicht. Es ist einfach, was innerhalb der Geschichte geschieht; die gesamte Manifestation ist eine Geschichte. Das Unendliche wird nicht zum Endlichen, das Absolute wird nicht zum Relativen, sie sind beide dasselbe. Es gibt nur das absolute Relative und das unendlich Endliche. Sie können scheinbar von dem ‚Ich‘ getrennt sein, das sich für real hält. Aber es ist das Formlose, das Form annimmt – sie finden beide gleichzeitig statt.

Da ist also Energie. Wie bezieht sich dieser Körper, den man Tony Parsons nennen könnte, auf Wut oder Emotionen?

Alles ist Energie. Das Ende von ‚Mir‘ ist das Ende der scheinbaren Beziehungen. Bei Beziehungen geht es um Eins und ein Anderes. Da ist also nur Wut. Der Körper kann die Energie der Wut in sich tragen. Alles, was da ist, ist das, was ist: Wut. Sie ist real und unreal und nur scheinbar da.

Du bist nicht immer so gewesen wie jetzt. Als sich Tony Parsons veränderte, wusstest du da, dass es nur Nichts gibt?

Tony Parsons ist scheinbar gestorben. Dies weiß gar nichts. Dies kommt direkt aus dem Nichts. Es ist das eine Ding, das nicht gewusst oder beschrieben werden kann.

Ist es auf einen Schlag passiert, oder ist es ein Prozess?

Es ist nie passiert. Wenn ein Suchender da ist, kann ein scheinbares Tanzen im ‚Ich-Geschehen‘ und ‚Sein-Geschehen‘ stattfinden und dann scheint es eine scheinbare Befreiung zu geben. Es bleibt nichts übrig. Alles, was da ist, ist was ist und nicht ist. Befreiung findet nicht statt.

Beim Zuhören versucht der Verstand, diese ganze Sache zu begreifen und irgendwelche Schlüsse zu ziehen. Das ‚Ich‘ versucht, irgendetwas zu bekommen.

Der Verstand versucht etwas zu bekommen, an dem er sich orientieren kann, oder irgendein Verständnis. Der Suchende wandelt auf Zehenspitzen am Rande des Unendlichen und sucht einen Eingang. Er versucht im Begrenzten etwas zu finden, das er dann auf das Grenzenlose beziehen könnte. Diese Botschaft lebt nicht in irgendeiner absoluten Existenz – sie deutet ständig auf die Lebendigkeit im Sitzen auf einem Stuhl, im Atmen, im Geräusche hören, im Denken. Dem was ist kann man nicht entkommen. Selbst wenn du die Vorstellung ablehnst, ist das auch das, was ist. Alles hier in diesem Raum ist, was ist. Es ist nicht möglich, vor ihm zu fliehen. Es ist der perfekte Liebhaber und der Sensenmann. Es wird dich nie loslassen, bis du ihm in die Arme fällst.

Warum gibt es Lehrer von unpersönlichen und Lehrer von persönlichen Botschaften?

Es gibt keine reale Person, keinen Lehrer. Aber die Kommunikation kommt entweder aus dem Persönlichen oder dem Unpersönlichen. Und solange sie aus dem Persönlichen kommt, bietet sie persönliche Belehrungen an, einen Pfad, der irgendwo anders hinführt. Das kommt aus einer Energie, die immer noch in der Geschichte weilt. Irgendetwas Persönliches kommt sich vor, als habe es etwas, das anderen Menschen helfen könnte, Befreiung zu finden. Was das offene Geheimnis angeht, ist das immer noch Teil der illusionären Geschichte. Die unpersönliche Botschaft wird sehr selten kommuniziert, aber sie steht schon immer zur Verfügung, weil es schon immer die Bereitschaft gab, über die Person hinauszugehen. Die persönliche Botschaft, die von einem Jemand handelt, der lernt, irgendwohin zu gehen, ist am populärsten. Das ist keine Kritik, nur ein Versuch, den absoluten Unterschied zwischen diesen beiden Botschaften zu erklären. Es gibt überhaupt keine Begegnung zwischen dem, was aus dem Nichts auftaucht und dem, was einem scheinbaren Jemand etwas anbietet.

Die vereinheitlichte Realität des ,Nicht-Zwei', in der es ,Nichts-Separates' gibt, bestätigt die illusionäre Natur der Trennung. Wenn Trennung illusionär ist, dann wurzelt jeder Versuch, nicht getrennt zu sein, in einer dualistischen Perspektive. Das grundlegende Prinzip einer jeden Lehre, die versucht, einen illusionären Zustand des Getrenntseins in einen Zustand des Einsseins zu verwandeln, beruht auf dem Glauben an eine getrennte Realität und kann deshalb nicht behaupten, non-dual zu sein.

Ist Zeit ein Konzept des Ich?

Für das ,Ich' ist Zeit real. Es kann behaupten, es gäbe keine Zeit, aber dem ,Ich' kommt die Zeit real vor. „Ich wurde geboren, ich lebe und ich werde sterben". In der natürlichen Realität ist Zeit sowohl real als auch unreal. Alles ist sowohl real als auch unreal. Energie ist vollkommen wild und frei. Es mag scheinen, als würde es irgendwann sechs Uhr abends sein, aber das muss nicht so sein. Nichts ist vorhersehbar und niemand weiß, was als nächstes geschehen wird. Du kannst nicht vorhersagen, dass Zeit eine Konstante ist. Alles ist neu nach der Befreiung. Es ist unbeschreiblich. Es war vorher nicht da und es wird morgen nicht da sein. Das ,Ich' träumt, es lebe in einer vorhersagbaren bekannten Welt: ,Ich habe gestern den Fußboden gesehen, und jetzt kenne ich ihn.' Dann kollabiert die scheinbar bekannte Realität auf einmal. Es ist also eine konstante Liebesaffäre, aber niemand kommt in ihr vor. Da ist nur Sein, das absolut lebendig ist, und einfach ist. Das zu kennen oder sich dessen gewahr zu sein, verwandelt es in etwas künstlich Lebloses. Das Kennen entzieht ihm die Lebendigkeit, und man ist eine Zeitlang sicher.

Ich werde verwirrt. Wie können wir zur natürlichen Realität gelangen?

Das ,Ich' lebt in einer künstlichen Realität und scheinbar in der Zeit. ,Ich' kann nicht zu dem gelangen, was schon ist. Was schon ist, ist einfach Ganzheit, die absolut frei ist, als kontrahierte Energie zu erscheinen. Die kontrahierte Energie scheint als scheinbare Identität zu erscheinen, die in einer dualistischen Realität lebt. Alles, was hier geschieht, ist eine Beschreibung der Art und Weise, wie ,Ich' es zu erleben scheint. Es gibt so etwas in der Realität nicht, aber das scheinbare ,Ich' scheint durch die Funktion des Gewahrseins eine dualistische Realität zu erleben.

Ich hänge einfach nur an den Worten.

Wenn du nur die buchstäbliche Bedeutung der Worte hören kannst, hängst du in der Vermeidung fest. Worte weisen einfach nur auf etwas hin. Viele Menschen hören hier gar nicht richtig zu und das ist prima. Es geht nicht darum, auf die Worte zu hören ...

Gibt es nach der Befreiung immer noch eine Persönlichkeit und Gewohnheiten?

Das hängt davon ab, was du mit Persönlichkeit meinst. Die Persona ist eine Art Maske, die ‚Ich‘ trägt, um in der Welt ‚zurechtzukommen‘. Das ‚Ich‘ nimmt anscheinend Rollen an, damit sein Leben funktioniert, und eine dieser Rollen ist eine Maske oder Präsentation dessen, wie es von den Menschen gesehen werden möchte. Nach der Befreiung kollabieren alle möglichen Dinge, auch die Maske und das Selbst-Bewusstsein. Da gibt es keine Absicht, keinen Wunsch zu gefallen und auch kein Gefühl eines freien Willens und einer Wahlmöglichkeit. Da ist kein ‚Selbst‘, das bewusst sein könnte. Da ist nicht länger das Gefühl, als gebe es hier irgendetwas oder als gebe es dort draußen irgendetwas, das auf das hier blickt. Da gibt es keine Beziehungen mehr, es gibt nichts, auf das man sich beziehen könnte. Es gibt offensichtlich ein Zusammenspiel der Energien, aber da ist kein Jemand in ihnen. Vorlieben können auftauchen und der Körper-Organismus hat Eigenschaften und Vorlieben wie Musik oder Marmelade, aber das ist nur ein Spiel der Energien, das kein ‚Ich‘ braucht, um da zu sein.

Was ist Erfüllung?

Selbst dieses Wort drückt es nicht wirklich aus. Es gibt keine Möglichkeit zu beschreiben, was danach passiert – außer, was ist und nicht ist. Vor der Befreiung gibt es eine Sehnsucht nach Erfüllung; ‚Ich‘ sucht etwas, das es nicht versteht. Es gibt keine Worte.

Da scheint eine Erleichterung stattzufinden und es scheint weniger und weniger Festhalten zu geben.

‚Ich‘ kann für den Rest seines Lebens weniger festhalten. Das hier betrifft das Ende des ‚Ich‘ und der Illusion des Getrenntseins.

Der Fisch im Aquarium fühlt sich durstig, und macht sich auf die Suche nach Wasser ...

Für das ‚Ich' gibt es das Problem, dass es ein Objekt sucht, etwas, an dem es festhalten kann. Was es nicht erkennt, ist, dass es schon längst in dem lebt, was es ersehnt. Es ist alles, was es gibt. Das ‚Ich' kann das nicht begreifen, weil es in einer Subjekt-Objekt-Welt lebt.

Die Kommunikation des offenen Geheimnisses kann nur auf das einfache Wunder des Seins hinweisen und auf die Vergeblichkeit der Suche danach. Sie erkennt die Lehren über spirituelle Wege und Prozesse weder an, noch lehnt sie sie ab; aber sie enthüllt ohne jeden Kompromiss die einzige und grundlegende Illusion hinter der Überzeugung, es gebe so etwas wie einen Suchenden, der in der Lage sei, etwas anderes namens Erleuchtung zu finden.

Es scheint, dass Liebe und Hass Erscheinungen sind, und so gibt es keine Polarität oder Unterscheidung zwischen richtig und falsch. Aber gleichzeitig gibt es die Wahl, ob man mitfühlend und freundlich sein will, statt zu morden?

Alles, was hier auftaucht, entstammt dem Nichts. Es gibt kein Kontrollieren und es taucht aus dem Nichts auf, das ist alles, was ist. ‚Ich' lebt in der Traumwelt, die glaubt, sie zöge Mitgefühl vor und lehne Morden ab. In der natürlichen Realität gibt es nur eine spontane Reaktion und man kann nicht sagen, sie habe irgendetwas mit Güte oder Schlechtigkeit zu tun.

Du sprachst über das Erkennen der Vergeblichkeit in dem, was ‚Ich' tut. Im Prozess des Versuchens und wieder Versuchens gab es Erschöpfung und einen Kollaps des gesamten Systems. Und weil mich diese Art Dinge nicht interessieren, geht das Suchen

trotzdem weiter, und zwar in Bezug auf materialistische Dinge.
Erst kürzlich habe ich erkannt, dass die Vergeblichkeit rund um
spirituelle Praktiken sich um Materialismus dreht. Man könnte
eine Million Euro verdienen, aber man kann diesen Moment
nicht kaufen. Es ist also alles wertlos – wozu das Ganze?

Spirituelle Praktiken sind materialistisch, da gibt es etwas für dich. Es ist nichts falsch daran, eine Million Pfund zu verdienen oder diese spirituellen Praktiken zu verfolgen. Sie machen die Dinge einfach bequemer. Aber sie haben keine Dauer. Sie kommen und sie gehen. Das eine Ding, das nicht kommt und geht, ist das, was ist und nicht ist; es ist alles, was es gibt.

Manchmal haben die Leute spirituelle Erfahrungen, dann
starten sie die Suche. Es gibt erleuchtete Meister in China,
die uns etwas über Erleuchtung erzählen.

Das ‚Ich' glaubt, es könne Erleuchtung erringen, in dem es etwas tut, aber das ist ein kompletter Mythos. So etwas wie eine erleuchtete Person gibt es gar nicht. Es gibt die Person nicht, die erleuchtet werden könnte. Der Versuch, spirituelle Erleuchtung zu erlangen, ist wie der Versuch, sich selbst an den eigenen Haaren aus dem Sumpf zu ziehen. Das ‚Ich' sucht sich immer nur selbst.

Was ist denn nun wirklich los mit all diesem Suchen?

Die gesamte Energie des ‚Ich' versucht, diese Gedanken und Ideen einzusammeln. Dahinter liegt der Impuls, wieder eins zu sein. Aber es will das nicht wirklich, weil das zum Ende des ‚Ich' führen würde. So füttert es sich mit spirituellen, mentalen und materiellen Dingen. Hier aber seid ihr in einen leeren Laden gekommen. Ihr seid hier, weil ihr glaubt, ihr könntet etwas bekommen … aber es kann sein, dass ihr mit nichts wieder geht.

Das scheint offensichtlich zu sein, aber da ist immer noch
dieses Sehnen.

Das ‚Ich' sehnt sich nach Freiheit von dem Gefängnis, aber es sehnt sich nach etwas, das es nicht versteht. Du sehnst dich nach dem, was schon längst ist; es hat dich nie verlassen, es ist immer, es ist niemals weggegangen.

Wenn ich sehe, dass dies alles ist, was es gibt, dann sage ich: Ist dies wirklich alles, was es gibt? Das ist enttäuschend.

‚Du' machst es enttäuschend! Alles, was es gibt, kann nicht gesehen werden. Was den Geliebten auf Abstand hält, ist dein Gewahrsein. Weil du dir dessen gewahr bist, was geschieht, hältst du es auf Abstand. Was auf dem Stuhl sitzt, ist der Geliebte. Es ist Nichts, das als Auf-dem Stuhl-Sitzen auftaucht. Das ‚Ich' hält es auf Abstand, weil es träumt, es wisse, dass ‚Ich' auf dem Stuhl sitzt, und indem es das scheinbar weiß, ist es ständig enttäuscht.

‚Das Himmelreich gleicht einem Senfkorn.' Es ist gewöhnlich, es ist einfach nur dies, und das ist unermessliche Freiheit.

Was ist mit Liebe, Mitgefühl und Gnade – sind die nicht hilfreich?

Da gibt es nichts, was Hilfe braucht. Dies ist schon, was ist. Wenn Hilfe gebraucht würde, dann gäbe es auch etwas, wohin man gehen und etwas, das man tun könnte.

Mir wurde gesagt, ich würde mein Leben nicht leben, weil ich nicht gewahr sei und bestimmte Dinge nicht täte.

Das ist eine gute Illusion. Da ist niemand, der das tun könnte – und die komplette Idee unterstützt das ‚Ich'. Es ist eine Möglichkeit, die Identität zu verstärken, als gäbe es da jemanden, der ein Gewahrsein des Lebens haben sollte.

Als der Film ‚Tony Parsons' noch lief, hattest du da ein Gefühl von Gewahrsein?

Die ganze Zeit gab es da einen scheinbaren Tony Parsons, es gab Gewahrsein. Gewahrsein ist der Treibstoff der Trennung. Als der Film abbrach und nur noch Licht da war, gab es kein Gewahrsein mehr. Das war das scheinbare Ende der Trennung. Gewahrsein ist das, was die Konstruktion einer Subjekt-Objekt-Welt unterstützt. Es ist der Komplize der Trennung. Ein Subjekt ist sich eines Objekts bewusst.

Und was tritt an die Stelle des Gewahrseins?

Nichts, weil Gewahrsein der Brennstoff für die Illusion der Trennung ist. Manche Lehrer behaupten, das ‚Ich' sei weiterhin präsent, weil es ohne die Präsenz des ‚Ich' kein Gewahrsein dieser Worte gäbe. Das ist ein wundervolles Beispiel für die falschen Unterstellungen des ‚Ich': Erstens, dass es komplett real ist und zweitens, dass nur durch sein eigenes Gewahrsein irgendetwas existieren kann. Diese Gewissheit kann keine andere Möglichkeit zulassen. Inzwischen hat das Gehirn diese Worte schon längst aufgenommen – lange, bevor das scheinbare ‚Ich' sie in Empfang genommen hat. Und dann erklärt das ‚Ich' der Welt ganz stolz, dass die Worte dank seines Gewahrseins existent geworden sind. Das ‚Ich' muss alles als Besitz ansehen, und auf diese Weise wird das ‚Ich' – das Höhere Selbst – zu einem ‚reichen Mann'.

Wie siehst du den Unterschied zwischen Wachheit und Gewahrsein?

Es gibt da keine Verbindung. Wenn du das, ‚was ist', als Wachheit bezeichnest, dann gibt es darin nichts, das gewahr sein müsste.

Aber es gibt eine Wahrnehmung dessen, ‚was ist'?

Nein, da ist einfach nur das, ‚was ist'. Wenn nicht länger die Illusion besteht, es gäbe da irgendetwas Getrenntes, bleibt nur das übrig, ‚was ist'. Da ist kein Wahrnehmender, der real wäre.

Aber wenn ich hier eine Frage stelle, dann gibt es dort drüben doch ein Gewahrsein davon und eine Reaktion.

Wenn das ‚Ich' eine Frage stellt, ist es sich dieser Fragestellung und der darauf erscheinenden Antwort innerhalb seiner eigenen Subjekt-Objekt-Realität bewusst. Doch in der natürlichen Realität sind sowohl die Frage als auch die Antwort einfach nur etwas, das scheinbar aus dem Nichts erscheint. Es gibt da kein Gewahrsein, und kein Hier oder Dort, das real ist.

So geschieht alles im freien Fall?

Anscheinend.

Gibt es Bewusstsein?

Bewusstsein, Wissen und Gewahrsein sind ähnliche scheinbare Funktionen innerhalb der Ganzheit. Gewahrsein ist die Funktion, durch welche die scheinbar kontrahierte Energie einer separaten Identität auftaucht. Die Funktion des Gewahrseins erzeugt immer wieder das scheinhafte Gefühl eines Selbst und erhält es aufrecht … Selbst-Gewahrsein … Gewahrsein des Selbst ... Bewusstsein seiner selbst!

Das scheinbare Selbst oder ‚Ich' kann nur durch Gewahrsein existieren, das eine Subjekt-Objekt-Realität aufrechterhält. Das heißt ‚Ich' (Subjekt) ist sich dessen gewahr, auf einem Stuhl (Objekt) zu sitzen. Das ist der Inhalt des großen hypnotischen Traums, der für die ‚normale Realität' gehalten wird.

Wenn die Illusion des separaten ‚Ich' kollabiert, brechen auch persönliches Gewahrsein, Wissen und Bewusstsein zusammen. Natürlich scheinen die Dinge weiter zu geschehen, aber ohne die längst überfälligen Einschränkungen und Urteile des ‚Ich', das nie gebraucht wurde, um ein Risotto zu kochen, ein Auto zu fahren, eine Symphonie zu schreiben oder ein Protein zu analysieren.

Aber das Nichts, das ist und nicht ist, kennt sich doch selbst?

Es braucht nicht zu wissen, dass es ist und nicht ist. Es ist eine Illusion, dass Bewusstsein das Bewusstsein kennt, oder dass Nichts wissen müsste, dass es Alles ist. Nichts muss überhaupt nichts wissen, weil es schon längst alles ist. Warum müsste es das wissen? Wohin sollte es gehen, um sich abseits zu stellen und selbst zu wissen?

Ich spreche nicht über ein Bewusstsein, das getrennt ist,
ich spreche über ein Bewusstsein, das in ihm ist.

Bewusstsein ist nur ein anderes Wort für Wissen oder Gewahrsein, und das sind alles vergängliche Funktionen ... sie sind in Bewegung. Dies sind allesamt Aktionen, die scheinbar innerhalb der Ganzheit geschehen. Bewusstsein eines Baums, Bewusstsein des Selbst, den Himmel kennen, wissen, dass ich bin, Gewahrsein eines Gedankens; das alles ist Einheit, die ein getrennter Wissender zu sein scheint.

Selbsterforschung basiert auf der Einschränkung persönlicher Erfahrung. Als Ziel der Selbsterforschung gilt das ,Bewusstsein seiner selbst', das ,Gewahrseins des Ganzen' oder das ,bewusste Erkennen'. Alle diese Zustände sind einfach nur Erscheinungen innerhalb der Unendlichkeit. Sie sind Nichts, das als Funktion eines scheinbaren Etwas auftaucht, welches ein anderes scheinbares Etwas erkennt. Es ist eine weitere Geschichte innerhalb der Einheit. Es ist das Eine, das als Zwei erscheint, und das Gewahrsein nimmt eine Trennung vor, damit ,Ich' überleben kann. Das ,Ich' oder das ,Selbst' wird alle Möglichkeiten nutzen, um zu vermeiden, was es am meisten fürchtet: seine eigene Abwesenheit. Die Lehren und Prozesse, bei denen es um Gewahrsein oder Erkenntnis geht, sind sehr attraktiv für das ,Ich' und sehr effektiv ... für eine gewisse Zeit. Eine starke, aber immer noch persönliche Erfahrung, die aus solchen introspektiven Aktivitäten resultieren kann, wird oft als ‚Selbst-Realisation‘ bezeichnet. Das passierte, als ich ein Suchender war, und es gab mir das Gefühl, stark, losgelöst, allsehend und allwissend zu sein. Natürlich war es nicht von Dauer, weil es nur eine weitere Funktion innerhalb der Geschichte war.

Da haben wir also eine weitere Vermeidung, wie bei allen progressiven Lehren des Werdens. Wir haben einen ausgeklügelten funktionellen Zustand, der scheinbar erreicht werden kann, aber zwangsläufig vergänglich und immer außerhalb der Reichweite ist: ‚Im Augenblick sein‘ oder ‚dein eigenes wahres Wesen kennen‘, oder ‚dich dem hingeben, was ist‘. Selbst das höchste Ziel der Selbsterforschung, sprich das ‚Erkennen des Erkennens‘ ist immer noch eine subtile Bewegung ... eine Geschichte über Eines und ein Anderes. Es geht immer um das ‚Höhere Selbst‘, das man nie ganz sein kann, weil es eben kein Etwas gibt, das man sein könnte.

Wenn Gewahrsein also eine unbeständige Funktion innerhalb des Alles ist, wie kann es dann Alles sein? Warum müsste Alles wissen müssen, dass es Alles ist und was würde es damit anfangen? Wie kann es Bewusstsein von Nichts geben?

Weil das scheinbare Selbst nur durch sein eigenes Wissen existieren kann, wird seine Suche nach einer tieferen Bedeutung immer auf das begrenzt bleiben, was es für sich selbst wissen und erfahren kann. Der getrennte Suchende verfolgt alles, was er wissen und tun kann, nur nicht die Abwesenheit seiner selbst. Diese Abwesenheit ist die Leere, die sich jeglichem Wissen entzieht – aber paradoxerweise ist sie auch genau jene Fülle, jene Ganzheit, die ersehnt wird.

Aber wie geschieht Funktionieren?

Wenn etwas scheinbar geschieht, reagiert das Gehirn unabhängig von einem scheinbaren ‚Ich‘ oder keinem ‚Ich‘. Dieses Funktionieren ist einfach die Erscheinung aus dem Nichts. Es ist etwas, das sich scheinbar in der Zeit zu bewegen und scheinbar irgendetwas zu tun scheint.

Ist dies also kompletter Nihilismus?

Nein, das ist es nicht. Der Nihilismus ist eine Sichtweise der Existenz der Welt und ihres Sinns, eine bestimmte Überzeugung. Dies ist komplett jenseits jeder Art von Überzeugung oder Leugnung, und es beschreibt alles als real und irreal. Es ist jenseits jeglicher Vorstellung, es gäbe irgendeine Bedeutung. Der Nihilismus postuliert, dass es keine Hoffnung und keinen Gott gibt. Dies weist auf etwas hin, das komplett jenseits davon liegt. Nihilismus ist eine Philosophie, dies ist keine.

Es weist auf etwas hin, das jenseits dessen liegt, was das Leben ist?

Es weist auf das Leben hin, wie es ist und nicht ist.

WISSEN UND NICHTWISSEN

Die Geschichte von Adam und Eva ist eine Allegorie über den Verlust des ‚Paradieses' durch das Auftauchen der Selbsterkenntnis. Da scheint also die Ganzheit (Paradies) zu sein, und innerhalb dieser grenzenlosen, frei fließenden Energie ohne jede Ursache erscheint etwas, das sich als getrennt von dieser Ganzheit (Paradies) erkennt.

Hier ist eine Metapher, die anscheinend auf etwas hindeutet, das ‚die Geschichte' des Selbst-Gewahrseins zu sein scheint, aus dem anscheinend das Gewahrsein, das Wissen und die Erfahrung des freien Willens, die Wahlfreiheit, Zeit und Raum, Zweck und Richtung hervorgingen.

Während sich ‚die Geschichte' entfaltet, lernt das scheinbare Selbst die ‚Welt da draußen' kennen und versucht, die bestmögliche Geschichte für sich selbst zu verhandeln. Es scheint in Aktion zu treten, um Freude zu finden und Schmerz zu vermeiden. Je größer das Wissen, desto effektiver das Tun, die Ergebnisse und das scheinbare Gefühl der persönlichen Kontrolle ... zumindest scheint es so zu sein.

Alle diese Bemühungen bringen verschiedene Ergebnisse, und so erlebt das Individuum wechselnde Zustände von Befriedigung und Enttäuschung. Es kann allerdings entdeckt werden, dass ein untergründiges Gefühl der Unzufriedenheit herrscht, welches das Selbst antreibt, immer mehr zu entdecken und zu wissen.

Weil das scheinbare Selbst nur durch seine persönlichen Erfahrungen, sein Wissen oder sein Selbst-Gewahrsein auftauchen kann, wird sich seine Suche nach einer tieferen Bedeutung auf das begrenzen, was es selbst wissen und erfahren kann. Innerhalb dieser Grenzen gibt es eine Vielzahl an Glaubenslehren, Therapien, Ideologien, spirituellen Lehren und Glaubenssystemen, die der Suchende sich aneignen kann. Außerdem können Zustände der Stille, der Freude, des Gewahrsein und Losgelöstseins erkannt und erfahren werden, die allesamt wie Tag und Nacht zu kommen und zu gehen scheinen.

Alle diese Lehren, Empfehlungen und Verschreibungen versuchen dem Suchenden Antworten auf etwas zu geben, was nicht gewusst werden kann – und Wege, um das zu finden, was nie verloren war.

Das Selbst ist somit der getrennte Suchende, der alles verfolgt, was er sich vorstellen und tun kann – ausgenommen die Abwesenheit seiner selbst. Diese Abwesenheit ist die Leere, die sich jeder Kenntnis entzieht, aber paradoxerweise auch die Fülle und die Ganzheit (Paradies), nach der er sich sehnt.

Sollte der scheinbar Suchende auf eine Kommunikation treffen, welche die wahre Natur der Trennung bis in die Tiefe enthüllt und die sublime Nutzlosigkeit des Suchens kompromisslos entlarvt, dann könnte das Konstrukt des getrennten Selbst kollabieren. Eine solche vollkommen unpersönliche Botschaft trägt eine grenzenlose Energie, in die sich die scheinbar kontrahierte Energie des Selbst auflöst. Eine Resonanz kann auftauchen, die jenseits des Selbst-Gewahrseins ist ... etwas Unbeschreibliches kann gespürt werden ... ein Duft von und eine Öffnung in das Wunder des Nicht-Wissens kann erscheinen.

Plötzlich scheint da eine Veränderung stattzufinden, eine unpersönliche Erkenntnis, dass dies schon längst Ganzheit ist. Die grenzenlose, nackte, unschuldige, frei fließende und wundervolle

Einfachheit des Seins ist schon jetzt alles, was es gibt ... sie ist außergewöhnlich in ihrer Gewöhnlichkeit und kann trotzdem nicht erfahren, beschrieben oder gewusst werden.

○ ○ ○

Wie ist es, ein Baby vor der Trennung zu sein?
Und ist der Sensenmann der letztliche Erlöser?

Ganzheit kann nicht beschrieben werden. Die Trennung wird scheinbar durch die plötzliche Kontraktion ausgelöst, mit der das Gewahrsein von jemand anderem einhergeht, der in die Ganzheit eintritt – normalerweise der Vater oder die Mutter. Da ist ein direktes Gewahrsein eines Jemand, ein plötzliches Selbst-Gewahrsein. „Da ist etwas anderes und ich bin etwas, ich bin eine Person." ‚Ich' hat das Gefühl, es sei real und alles andere sei auch real. Das Gefühl der Trennung ist irgendwie unbefriedigend. Der Tod im Körper oder vor dem Tod ist das Ende der Illusion, das Ende des Getrenntseins ... scheinbar.

Betrifft die Trennung jeden? Gibt es irgendetwas,
was eine Mutter tun kann, um sie zu vermeiden?

Trennung ist eine Illusion ... sie ist kein reales Geschehen. Die meisten Menschen leben in jener separaten Illusion, aber sie ist nicht richtig oder falsch, sie ist wie eine andere Realität. Das ‚Ich' lebt in einer dualistischen Subjekt-Objekt-Realität. Es ist künstlich, aber die meisten Menschen halten es für real und glauben, sie könnten ihre eigenen Geschichte beeinflussen. Das geschieht so nur mit Menschen, bislang hat nichts anderes die Fähigkeit, das Gefühl einer getrennten Identität zu abstrahieren. Es gibt nichts, was getan werden kann, um das zu vermeiden und es gibt auch keine Notwendigkeit es zu vermeiden, es ist einfach ein Ausdruck der Ganzheit. Es gibt nichts anderes als Ganzheit. Das Unendliche jagt sich selbst rund um die Welt auf der Suche nach sich selbst; es baut Kirchen und geht auf Kreuzzüge und tut alle möglichen Sachen, um zu versuchen, ein Etwas namens das Unendliche zu finden. Es wird das Unendliche niemals finden, weil es in jener Erscheinung nur eine getrennte Subjekt-Objekt-Realität erkennen kann. Es kann nicht finden, wonach es sucht, weil das, was es sucht, schon längst alles ist.

Das Problem für den Suchenden ist, dass ihm die Vorstellung, er müsse zuerst besser werden, sehr attraktiv erscheint. Und so wird er von Lehrern angezogen, die ihm sagen, wenn er meditiert oder sich öffnet, würde er zu jemandem, der die Erfüllung verdient.

Alles wird also zu nichts?

Alles wird nicht zu Nichts, alles ist schon Nichts. Nichts und Alles sind eins. Was also scheinbar hier geschieht ist Nichts, das zu geschehen scheint. Es hat keinen Zweck und keine Bedeutung. Es ist einfach was ist und nicht ist, und es ist sowohl real als unreal.

Man kann es als komplett chaotisch beschreiben ... Gibt es irgendeine Vorbestimmung?

Man könnte sagen, dass diese Erscheinung sowohl geordnet als auch chaotisch ist. Es gibt keine Vorbestimmung. Gäbe es eine Vorbestimmung, würde etwas vorgegeben oder geplant. Es gibt keinen Plan, weil da keine Zukunft ist, da ist keine Vergangenheit, da ist einfach nur *dies*. Es gibt nichts außer dieser ‚Ist-heit‘, es geht nirgends hin. Es kann nicht gewusst werden, und das Problem für Suchende ist, dass sie nach etwas suchen, was man wissen könnte, wie zum Beispiel Stille, Präsenz, Gewahrsein oder Losgelöstheit. Der Suchende denkt, er könne irgendein Ding wissen und haben und besitzen. Aber das ist das Dilemma, denn er kann dies nie wissen, er kann dies nie sein, er kann dies nie kontrollieren.

Braucht es Hingabe?

Nein, da ist niemand, der sich hingibt. Da ist entweder ein ‚Ich'
oder da ist kein ‚Ich'. ‚Ich' ist Trennung, ‚Ich' ist das Suchen. Da
ist nichts, was sich dem Nicht-‚Ich'-Sein hingibt. Hingabe oder
Akzeptanz sind Teil der Geschichte.

***Es gibt also nichts, was man tun könnte – wie zum Beispiel zu
deinem Residential gehen oder deine Bücher lesen?***

Nein, es ist nicht so, dass man nichts tun kann; es ist so, dass da
‚Niemand' ist. Das Tun, das scheinbar geschieht, ist vollkommen
bedeutungslos. Wenn du zu einem Residential kommst, erhältst du
überhaupt keine Hilfe. Wenn du denkst, dir sei geholfen worden,
ist das dein Glaube. Es gibt hier nichts, das versucht, irgendjemandem zu helfen, weil nicht erkannt wird, dass da irgendjemand
ist. Alle Worte sind dualistisch, aber wenn du zuhörst, was hier
gesagt wird, weisen die Wörter auf das hin, was jenseits des ‚Ich'
ist. Sie weisen nie auf die Vorstellung hin, dass ‚Ich' es finden
könnte. Was hier vor sich geht, ist eine Dekonstruktion. So etwas
wie Befreiung oder einen Suchenden gibt es gar nicht, das ist nur
eine Erscheinung. Wir versuchen etwas zu beschreiben, das nicht
gewusst werden kann. In der Geschichte verschwindet die scheinbar kontrahierte Energie plötzlich oder sie löst sich auf, zurück in
das, was ist. Scheinbare Befreiung ist eine scheinbare Auflösung
der kontrahierten Energie zurück in die scheinbare Grenzenlosigkeit.

**Die scheinbare Kommunikation des offenen Geheim-
nisses ist paradox, unvernünftig, unglaublich, unspi-
rituell und kompromisslos, ohne Vorschriften oder
Rezepte. Es gibt weder das Ziel noch die Absicht,
die scheinbare Individualität zu unterstützen oder zu
verändern. Sie geht allen Lehren voraus und ihre
Resonanz wird energetisch mitgeteilt, nicht im
Austausch von Ideen.**

Also hat nichts, was ich denke, irgendeinen Einfluss darauf?

Absolut nichts hat irgendeinen Einfluss. Dies ist schon vollständig. Warum sollte die Ganzheit das verändern wollen?

Würde da Angst auftauchen?

Es kann eine unglaubliche Angst da sein, wenn das ‚Ich‘ realisiert, was scheinbar geschieht.

Sollte der Suchende also aufhören zu suchen?

Dies ist keine Botschaft über Suchen oder Nicht-Suchen. Die ‚Ich‘-Energie kann nur suchen und versuchen, heimzukommen. Das ist alles, was sie tun kann. Wenn sie denkt, sie habe die Ganzheit verloren, kann sie nur versuchen, die Ganzheit zu finden. Die Menschen glauben, wenn sie den Gipfel der Reinheit erreichen würden – der nur eine Schöpfung des Denkens ist – seien sie würdig, Freiheit zu erlangen. Das ist das Problem, mit dem sich das ‚Ich‘ herumplagt. Es liebt die Vorstellung, rein zu werden, weil es sich für unwürdig hält. All die progressiven Lehren über das Werden basieren auf dem Trugschluss, dass das ‚Ich‘ sich verändern müsste. Dabei ist das ‚Ich‘ einfach nur Ganzheit, die ‚Ich‘ zu sein scheint. Es ist bedeutungslos und ohne Sinn.

Kannst du mehr über Trennung, Gewahrsein und Meditation sagen?

Gewahrsein ist der Komplize der Trennung. Gewahrsein ist eine Funktion, die etwas benötigt, dessen sie sich gewahr sein kann. Wenn Gewahrsein auftaucht, gibt es ein Subjekt, das sich eines Objekts gewahr ist. Das ist Gewahrsein. Es ist ein Trugschluss, dass du mehr Gewahrsein erlangen müsstest. Das gesamte Konstrukt der Selbsterforschung verstärkt die Trennung. Es wird allgemein anerkannt, dass der Versuch, im fokussierten Gewahrsein oder Wissen zu verweilen, zum Scheitern verurteilt ist, und das liegt daran, dass all diese funktionellen Zustände von ihrem Wesen her vergänglich sind. Die Unfähigkeit, im fokussierten Gewahrsein zu verweilen, verstärkt das Gefühl, unwürdig zu sein.

Meditation ist ein etwas anderes Konstrukt; es wird immer noch versucht, etwas zu bekommen. Hier wird einfach nur vorgeschlagen, dass niemand da ist und dass es nichts zu tun gibt; es gibt keinen Weg.

Ich bin, wo ich bin, und das ist begrenzt und nicht die Wahrheit – was ist also der nächste Schritt?

Es gibt keinen nächsten Schritt. Wenn das Gefühl auftaucht ,Du bist, wer du bist', dann ist es das, was geschieht. Das ist, wie es ist. Da ist keine Wahrheit. Die Vorstellung, dass du da bist, begrenzt jenes ,Ich' auf die Erfahrung, getrennt zu sein. Was hier vorgeschlagen wird, ist, dass es kein ,wirkliches Ich' und keine ,wirkliche' Begrenzung gibt.

Aber da ist diese Erfahrung an diesem Ort und nicht an jenem Ort.

Aber das ist deine Erfahrung. Das Problem für das ,Ich' liegt darin, dass es erfährt und scheinbar weiß und sich dessen gewahr ist, dass es existiert. Es glaubt, es sei real und das ist das Dilemma. Da ist nichts, was es loslassen könnte und es gibt keinen ,wirklichen' Ort.

Kann die Dekonstruktion also nicht gewusst werden?

Ja, weil sie gar nicht geschieht. Es gibt kein reales ,Ich', das verschwinden könnte. Die so genannte Befreiung ist das scheinbare Ende von etwas, das nie geschah. Du geschiehst nicht wirklich, es kommt dir nur so vor. Was hier vorgeschlagen wird, ist, dass das eine Illusion ist. Solange ,Ich' versucht, ,Mich' zu dekonstruieren, verstärkt es immer nur die Illusion. Seine Energie ist darauf eingestellt, etwas zu finden und sich voranzubewegen. Das, was das ‚Ich‘ sucht, wenn es versucht, sich selbst zu dekonstruieren, ist ein Objekt namens ‚Kein-Ich‘. ‚Ich‘ versucht die ganze Zeit, ‚Ich‘ zu erforschen, um nicht mehr ‚Ich‘ zu sein. Und bei dem Versuch, nicht mehr zu sein, wird es stärker und stärker … anscheinend.

Meinst du, das hier ist alles Zauberei? Was ist es?

Nein, ich sage, dass es ist, was ist. Es kann nicht gewusst werden. Wonach du dich sehnst, ist das Ende des Wissens, und was du am meisten fürchtest, ist das Ende des Wissens. Wonach du dich am meisten sehnst und was du am meisten fürchtest, ist die Abwesenheit deiner selbst.

Aber da ist etwas anderes, das es auch tun will.

Es gibt ein höheres Selbst und ein niedrigeres Selbst. Das höhere Selbst möchte pur und vollkommen sein, und das niedrige Selbst möchte im Bett liegen und Gin trinken! Beide Konstrukte sind gleichermaßen illusorisch. Alle Prozesse und Lehren gefallen dem höheren Selbst und sprechen es an: du kannst still sein, du kannst gewahr, losgelöst und rein sein. Das sind alles Versuche, irgendetwas zu erreichen. Es gibt nichts zu erreichen. Du musst dies nicht erreichen, weil es schon ‚ist‘. Du bist herumgerannt und hast nach ihm gesucht, aber es war die ganze Zeit da.

> **Diese Botschaft wurde missverstanden, wenn geglaubt wird, es sei von einem ‚Du‘ die Rede, das irgendetwas tun oder nicht tun kann, um erleuchtet zu werden.**

Ist es eine Veränderung der Perspektive?

Nein, es ist das Ende von etwas, das nie wirklich geschehen ist. Was endet, ist die Illusion, dass da jemand ist. Das, was das Trennungsgefühl zementiert hat, löst sich einfach auf. Da ist einfach nur das, was ist und nicht ist.

Wenn ich irgendetwas falsch mache, sage ich jetzt: „Ach ja, das ist einfach nur die Geschichte", und dann scheint die Kontraktion, die bei der Vorstellung entsteht, irgendetwas falsch zu machen, geringer zu sein.

Das ‚Ich' träumt nur, es könnte etwas richtig oder falsch machen. Das ist nur ein weiterer Zustand. Wie bei der Meditation, wo die Leute sagen: „Wenn ich meditiere, bin ich friedlich". Es ist nur ein Zustand, der wieder vergeht.

Vielleicht werde ich den Rest meines Lebens in einem Traumzustand bleiben. Ich verstehe, dass das nur eine Geschichte ist, aber ich weiß es nicht.

Du weißt gar nichts. Du weißt nicht, wie lange du leben wirst. Du kannst nichts voraussetzen, und verstehen ist nicht gleichbedeutend mit Befreiung. Es ist nur etwas weiteres, das ‚Ich' haben kann. Zu verstehen, dass es da keine Geschichte gibt, ist einfach nur ‚Verstehen'. Tony Parsons war nie real. Das ‚Ich' lebt in einer Geschichte über irgendetwas, das geschieht: „Ich werde eine Tasse Tee trinken und dann werde ich erleuchtet werden", oder: „Ich habe gehört, dass Tony Parsons erleuchtet ist, warum also nicht ich?". Wir sprechen in zwei verschiedenen Realitäten – der einen, in der die Geschichte stattfindet, und der anderen, in der es keine Geschichte gibt. Wir sprechen über ein Mysterium. Es gab keinen Tony Parsons, der sterben konnte, das ist die Illusion. Tony Parsons hielt sich für real und lief herum und versuchte, reale Erleuchtung zu finden. Tony Parsons begann zu ahnen, dass es nicht um die Lehren des Werdens und der Prozesse ging, aber das war nur eine Ahnung, bis der scheinbare Kollaps geschah.

Was kannst du über bedingungslose Liebe und Mitgefühl sagen?

Bedingungslose Liebe ist wie grenzenlose Energie, und die Idee, es gäbe da irgendeine Qualität, die man beschreiben könnte, ist ein Irrtum. Wie Mitgefühl kann man auch sie nicht beschreiben. Man kann grenzenlose Energie oder bedingungslose Liebe oder Mitgefühl weder beschreiben noch beeinflussen. Sie sind, was ist und nicht ist.

Aber es gibt doch Chaos und Kriminalität ...

Bedingungslose Liebe ist die Erscheinung von Chaos und Kriminalität und Marshmallows und Beethovens fünfter Sinfonie. Sie ist das Hervorströmen von allem. Jemand sagte heute Morgen, das ,Ich' sei wie ein Hereinnehmen, ein Zugreifen. Die Grenzenlosigkeit ist wie ein Hinausgeben, ein kontinuierliches Hervorströmen. Es gibt und gibt, es explodiert auf jede mögliche Art, scheinbar.

Ist das Synchronizität? Ich könnte zu einer Party gehen und dann in letzter Minute entscheiden, woanders hinzugehen, wo ich etwas über das offene Geheimnis höre.

Synchronizität geschieht innerhalb der Geschichte; Synchronizität besteht zwischen scheinbaren Ereignissen in der Geschichte. Die Geschichte ist bedeutungslos. Die Synchronizität scheint zu irgendetwas hinzuführen, das für die Person innerhalb der Geschichte einen Wert hat, aber in Wirklichkeit ist sie bedeutungslos. Es gibt nichts, das irgendwo hinführt, weil es nichts gibt, das sich irgendwo hinbewegt, weil alles schon längst erfüllt ist. Soweit es ,Mich' betrifft, ist natürlich gar nichts erfüllt – und das ist das Gefühl, getrennt zu sein. Wenn es kollabiert, ist absolut offensichtlich, dass da nichts ist, was synchronisiert zu werden braucht.

Ich dachte, bei Mitgefühl sei es ähnlich. Du sagtest, wahres Mitgefühl bestehe darin, dass Menschen befreit werden?

Mitgefühl beleuchtet das, was das scheinbare ,Selbst' gefangen hält. Es gibt da draußen nichts, dass es ein- und ausschaltet, es kommt einfach ganz natürlich aus dem Nichts. Das Nichts antwortet ganz natürlich auf eine Frage oder auf ein Gefühl der Trennung. Menschen sagen, diese Botschaft sei nicht mitfühlend. Einem Menschen zu helfen, befreit zu werden, ist kein Mitgefühl, es unterstützt die Absprache, eine Illusion aufrecht zu erhalten … anscheinend.

Ist es nicht merkwürdig, dass die Energie in ‚Mir‘ verknotet ist, und dass dieselbe Energie gleichzeitig daran arbeitet, zu versuchen, diesen Knoten zu lösen?

Energie ist alles – Mitgefühl und Mittäterschaft. Doch Energie ist komplett ohne jede Absicht. Das einzige Ding, das Absichten hat, ist das ‚Ich‘ in der Geschichte. Grenzenlose Energie hat keine Absicht, weil sie schon erfüllt ist. Es gibt keinen Knoten, der gelöst werden müsste.

Wenn du das Wort ‚entlarven‘ verwendest, weist das auf eine bestimmte Richtung hin?

Was scheinbar geschieht, ist: Wenn da etwas ist, das sich getrennt fühlt, taucht aus Nichts eine Antwort auf, die das entlarvt. Da gibt es keine höhere Absicht, aber es ist die natürliche Reaktion bedingungsloser Liebe. Es gibt keinerlei Erwartung, dass irgendetwas geschehen sollte, weil da einfach nur Nichts ist, das zu geschehen scheint.

Aber es muss doch auch andersherum funktionieren. Wenn da wilde Energie ist, Energie ohne ein Muster, dann könnte die Reaktion doch das ‚Ich‘ sein?

Es *scheint* nur andersherum zu funktionieren, aber merkwürdigerweise ohne jede Absicht. Diese Botschaft hat keine Absicht, sie ist einfach nur eine Antwort, eine Erscheinung. Obwohl sie die Intention zu verfolgen scheint, etwas zu entlarven, ist da einfach nur Entlarven. Das ist das Paradox, dass weder erklärt noch verstanden werden kann.

*Wenn dies geschieht, sind wir wunderbar hoffnungslos. Wenn
ich hier morgen weggehe, gibt es da nichts, was ich tun kann?*

Diese Botschaft beleuchtet die Hilflosigkeit und das Dilemma des
‚Ich‘. Sie entlarvt, dass ‚Ich‘ eine Illusion oder ein Traum ist. Du
wirst hier morgen nicht weggehen. Es wird nur so scheinen oder
du wirst träumen, dass du hier weggehst.

*Diese scheinbare Geschichte von ‚Mir‘ – kannst du die mit
einem Traum vergleichen, wie wir ihn in der Nacht haben?*

Ja, es ist dasselbe. Wenn das ‚Ich‘ aufwacht, träumt es, dass es auf-
gehört hat zu träumen.

*So ist das Erwachen also ein sanftes oder ein rüdes Erwachen
aus diesem Traum?*

Das ist bedeutungslos, aber es ist ein scheinbares Erwachen aus
einem scheinbaren Traum. Niemand träumt, aber das ‚Ich‘ ist der
Träumer. Für das ‚Ich‘ besteht der Traum darin, dass ‚Ich‘ real bin,
dass meine Geschichte real ist, dass auch mein Einfluss auf diese
Geschichte real ist.

Aber nichts wacht von dem Traum auf?

Nein, nichts wacht auf …

*Die Art und Weise, wie wir die Worte verwenden …
Wir verwenden und nutzen sie innerhalb des Traums vom
‚Ich‘ für etwas, das unpersönlich ist, das weder Richtung
noch Absicht hat.*

Ja, und wir sind darauf konditioniert, zu glauben, dass bestimmte
Wörter bestimmte Dinge bedeuten. Zum Beispiel, wenn Jesus das
Wort ‚Buße‘ verwendet. Ich bin auf eine katholische Schule gegangen und mir wurde beigebracht, dass man eine Sünde bedauern
und Buße tun sollte. Maurice Nicoll sagt in einem seiner Bücher,

dass das Wort Buße zu der Zeit, als Christus noch lebte, bedeutete: ‚Umkehren und das Leben neu sehen…‘, also etwas völlig anderes. Das war eine verblüffende Erkenntnis in meinem Leben als Suchender.

Solange wir uns von einer Formel zur nächsten bewegen, sind wir scheinbar nicht in der Lage zu sehen, dass die Freiheit nicht hier oder dort wohnt – einfach, weil Freiheit ihrem Wesen nach weder ausgeschlossen noch mit einbezogen werden kann. Wir scheinen nicht zu sehen – während wir zum nächsten erhofften spirituellen Hochgefühl marschieren –, dass der Schatz, den wir suchen, nicht dort entdeckt wird, wo wir hingehen, sondern im schlichten Wesen eines jeden Schrittes, den wir tun.

Ich bin immer wieder verleitet zu glauben, dass wenn ich dieses Meeting verlasse, alles anders sein wird. Letzten Endes basiert das alles auf der Illusion, das scheinbare Selbst sei real, wobei es das doch gar nicht ist.

Ja, und es kann scheinbar kollabieren und wegfallen oder auch nicht.

Das wird beim scheinbaren physischen Tod sowieso passieren. Wenn ich also hier in dem Traum das Meeting verlasse, dann gehe ich hinaus und tue, was immer getan wird und mache das Gefängnis bequemer, und dann geschieht der Tod – entweder der Tod des Körpers, oder vielleicht ist da, während ich gerade meinen Schnürsenkel zubinde, plötzlich kein ‚Ich‘ mehr – was immer geschieht, alles ist gut. So kann ich also entspannen …

Wer soll da entspannen? Es gibt Lehrer, die sagen: Entspanne dich, weil es in Ordnung ist, getrennt zu sein – es ist auch ein Ausdruck der Ganzheit. Das ist einfach nur eine weitere Idee. Für das ‚Ich‘ ist das Gefühl, getrennt zu sein, anscheinend ein Gefängnis und ganz und gar nicht in Ordnung.

Aber es gibt nichts, was man daran ändern kann?

Fühlst du dich dann besser?

In gewisser Weise ist da eine Besorgnis, dass hier irgendetwas nicht mehr richtig ist, dass etwas fehlt, was diese Botschaft hört ... Ich weiß nicht, was ich damit anfangen soll...

Der Glaube, du könntest frei werden, ist eine Illusion. Hoffnung ist ein Ding, das ‚Mich‘ aufrechterhält. Alle Lehren verstärken das Gefühl, dass es eines Tages besser werden wird. Morgen wird es besser werden. Das ist kein Mitgefühl, das ist Mittäterschaft. Das ist die Absprache, eine Illusion zu verstärken.

Du sprichst also über einen Traum innerhalb des Traumes. So, als sei die Wahrnehmung auch ein Traum, weil nichts wirklich geschieht – und dann ist da das ‚Ich‘, dass innerhalb des Traumes auftaucht.

Sie sind alle dasselbe. ‚Ich‘ ist der Traum, ‚Ich‘ ist der Träumer, und es träumt, es sei real und alles, was geschieht, sei ebenfalls real – das ist der Traum. Es ist ein illusionärer Traum, und es ist der einzige illusionäre Traum, den es gibt. Alles ist einfach nur, was ist und nicht ist.

Es gibt eine Möglichkeit, Wahrnehmung im Allgemeinen zu betrachten, so als sei diese gesamte Manifestation eine Wahrnehmung.

‚Ich‘ nimmt die Dinge scheinbar von einem Zentrum her wahr, das es für real hält. Kein ‚Ich‘, kein Wahrnehmender. Die Wahrnehmung von ‚Mir‘, dem Träumer, verwandelt alles, was scheinbar wahrgenommen wird, in ein solides Objekt – aber nur für den scheinbaren Wahrnehmenden. Das, was manifest ist, braucht keinen Wahrnehmenden ... Es ist einfach nur, was ist und nicht ist.

Man könnte also sagen, die Welt existiert wegen ‚Mir'?

Nein, ganz und gar nicht! Die scheinhafte Subjekt-Objekt-Welt erscheint nur für ‚Mich'. Das ‚Ich' denkt in seiner wunderbaren Arroganz, die Welt existiere wegen ihm. Das letztliche Resultat der Selbsterforschung ist, dass nichts ohne dich existieren kann; nichts kann existieren, außer in deiner Wahrnehmung. Weil du gewahr bist, dürfen die Dinge lebendig sein. Das ist eine unglaubliche Arroganz. „Ich bin Gewahrsein und alles kann nur in diesem Gewahrsein erscheinen." Das, dessen ‚Ich' sich gewahr ist, ist nur eine scheinhafte Realität.

Wir Menschen glaubten einst, die Welt sei flach!

Ja, und die Erde war das Zentrum des Universums. Eine weitere unglaubliche Arroganz! Aber das ‚Ich' glaubt auch immer noch, es sei das Zentrum des Menschen.

Das ist merkwürdig, weil du ja sagtest, es gebe keine Wahrnehmung ohne das ‚Ich'. Das heißt, wenn da kein ‚Ich' ist, gibt es auch keine Wahrnehmung. Ist das nicht dasselbe, was die Advaita-Lehrer sagen? Und wenn keine Wahrnehmung da ist, ist gar nichts da?

Du verstehst nicht, was hier vorgeschlagen wird. ‚Ich' ist der Wahrnehmende einer geträumten dualen Realität. Wenn ‚Ich' kollabiert, kollabiert der Wahrnehmende. Ohne die Illusion der Trennung gibt es keinen Wahrnehmenden. Alles, was als Etwas-das-geschieht auftaucht, ist Nichts, das eine Geschichte zu sein scheint. Alles, auch die Welt, ist und ist nicht.

Das Merkwürdige hierbei ist die Behauptung, wenn das ‚Ich' wegfalle, erscheine die Energie wie sie wirklich ist ...

Sie tritt nicht in Erscheinung, sie ist einfach schon. Was dann scheinbar von ihr getrennt wird, ist ‚Ich‘. ‚Ich‘ macht Beton aus ihr – aber nur innerhalb der Wahrnehmung von ‚Mir‘! Alles besteht scheinbar nur aus schwebenden Teilchen. Diese Wand besteht aus schwebenden Teilchen, ist Nichts, das ‚wandet‘. Aber dann nimmt das ‚Ich‘ alles als reales Objekt wahr.

Ich bekomme eine Ahnung davon, warum diese Energie das Spiel von Sehen und Nicht-Sehen spielt.

Das ist ein Versteckspiel, es ist Gott, der Verstecken spielt. Die ganze Sache ist ein Witz. Gott ist ein Komödiant mit einem Publikum, das niemals lacht!

Alles was du gerade gesagt hast, weißt du gar nicht?

Hier ist nichts, dass irgendetwas wüsste, es kommt aus dem Nichts.

Du hast also gar keine Idee, worüber du sprichst?

Wenn ‚Ich‘ das hätte, solltet ihr alle gehen. Da ist nichts, was dies wissen kann. Da gibt es nichts zu wissen und niemanden, der es wissen könnte. Es muss nicht gewusst werden. Es ist eine Idee, dass wir etwas wissen müssten, damit wir es kontrollieren können. Wie kann ein Mysterium kontrolliert werden?

Das bringt uns wieder zu dem wissenschaftlichen Geist, der alles mit einem Etikett versehen will. Meinst du, das wird jemals aufhören?

Es wird nicht aufhören, weil es nicht begonnen hat. Es ist nur das Unendliche. Da ist nur, was ist und nicht ist.

Was gesucht wird, bleibt dem Suchenden verborgen, indem es schon alles ist.

Was klar zu sein scheint, ist, dass diese Botschaft alles oder nichts ist.

Absolut, das ist alles, was da ist ... alles und nichts.

Ich fühle mich frustriert. Ich möchte das verstehen – und dann hab ich das Gefühl, ich hab's verstanden, doch dann hab ich's nicht verstanden. Ich kann den Knackpunkt nicht finden. Ich möchte weggehen und ich möchte weitermachen.

In gewisser Weise ist da immer ein Knackpunkt. Aber du gelangst nirgendwohin, weil es nichts gibt, wohin man gelangen könnte.

Da scheint irgendetwas Automatisches im Verstand vor sich zu gehen. Wenn du etwas sagst, ist da diese schreckliche Konditionierung, die glaubt, alles geschehe mir. Es ist so automatisch und es kommt und geht.

Das geschieht in kontrahierter Energie ... scheinbar.

Ich erkenne immer wieder, dass ‚Ich' dies einfach nicht gehört hat, trotzdem zieht mich etwas immer wieder an, hierherzukommen. Obwohl es die ganze Zeit ausblendet, was gesagt wird, passiert trotzdem ständig etwas.

In gewisser Weise ist es das Gefühl eines persönlichen Dilemmas, was die Menschen immer wieder veranlasst, hierherzukommen. Sie kommen und entdecken dann vielleicht, dass nichts davon persönlich ist und es kein Dilemma gibt. Es kann sich auflösen.

Mir gefällt, was du gerade gesagt hast – es gibt kein Dilemma, wir müssen uns keine Sorgen darum machen, was wir mit alldem anfangen sollen.

Da gibt es nichts, was du mit nach Hause nehmen und durcharbeiten kannst.

Ich fühle mich überwältigt. Es scheint viele intensive Emotionen zu geben.

‚Ich' glaubt, es sei im Zentrum von alldem.

Du sagtest, das ‚Ich' sei eine besitzergreifende Energie?

Grundsätzlich ist das ‚Ich' eine scheinbar kontrahierte Energie, die auch alles in Besitz nimmt. Eine kontrahierte Energie nimmt scheinbar eine Form an. Sie sammelt alles ein, sie saugt alles auf. Denken ist einfach nur ein Bericht über das, was scheinbar geschah oder geschehen könnte. Der Gedanke, ich sei getrennt, ist in Wirklichkeit nur ein verbaler Bericht über etwas viel Tieferes, etwas Energetisches. Überzeugungen und Gedanken und Vorstellungen darüber, getrennt zu sein, sind oberflächliche Zeitungsartikel über das, was geschieht. Sie haben keine reale Wichtigkeit, aber ‚Ich' scheint sie in Besitz zu nehmen und ihnen Bedeutung zu verleihen.

Dann ist die Energie von ‚Ich' für sich genommen nutzlos – sie kann nicht einmal denken?

Sobald sich die Kontraktion im Körper bildet, ist da eine Identität. Was dann auftaucht, ist die Idee, dass da Jemand sei, und dieser Jemand hat dann das Gefühl, der Regisseur der ganzen Geschichte zu sein. Es ist alles nur ein illusionäres und bedeutungsloses Stück Software.

Wenn ich dir zuhöre, bekomme ich das Gefühl, dass du ‚Mich' irgendwie falsch machst …

Oh nein, ganz und gar nicht! Das würde der gesamten Essenz dieser Botschaft widersprechen, die unablässig bestätigt, dass alles schon erfüllt ist, wie es ist. Die ‚Ich'-Kontraktion ist einfach nur ein anderer Ausdruck der Ganzheit … sie ist Einheit, die als Zwei erscheint und getrennt zu sein scheint. Es gibt kein richtig oder falsch, kein besser oder schlechter, aber in der separaten Traumerfahrung des ‚Ich‘ scheint es das zu geben. Das offene Geheimnis beleuchtet ständig diese Illusion.

Dann macht es gar keinen Sinn, zu fragen, wer das ‚Ich‘ ist, oder für wen dies auftaucht. Das ist einfach nur eine vorübergehende Entspannung?

Alles, was wie eine Erforschung aussieht, scheint Entspannung zu bringen, weil es eine Ablenkung ist, ‚Mich‘ zu untersuchen und zu fragen ‚Wer bin ich?‘ Das scheint zu entspannen, weil es wie eine Flucht ist.

Damit die Energie beginnt zu kontrahieren – muss sie da das Gefühl haben, in einer Krise zu sein?

Der Moment der Trennung ist so mächtig und so entsetzlich, dass wir ihn vergessen. Es gibt nichts Schlimmeres, als die Trennung vom Ganzen. Wenn du in jemanden verliebt bist und derjenige dich abweist, ist das extrem schmerzhaft. Aber die Zurückweisung vom Ganzen ist so viel schlimmer. ‚Ich‘ kann sich nie daran erinnern. Das Merkwürdige ist, dass es hinter der Geschichte ein Gefühl von etwas anderem gibt, eine Resonanz, dass irgendetwas verloren zu sein scheint. Da ist der Glaube, dass ‚Ich‘ es eines Tages wiederfinden werde. „Weil ich sehr einflussreich bin, kann ich mein Leben auf die Reihe bekommen – schließlich besitze ich Gedanken und Emotionen! Da kann ich auch die Erleuchtung besitzen.“ Es ist Teil der Geschichte, eine Lehre zu haben, die davon handelt, dass ‚Ich‘ erleuchtet werde. Aber in gewisser Weise versucht das ‚Ich‘ immer nur, diesen entsetzlichen Verlust wiedergutzumachen.

Das ‚Ich‘ sucht Frieden und Erfüllung; das ‚Ich‘ sucht Selbstverbesserung, Reinheit, Gegenwärtigkeit oder Losgelöstheit. Das ‚Ich‘ sucht Klarheit oder irgendeine

Formel, die dem ‚Ich' gibt, was es glaubt, haben zu wollen oder zu brauchen. Aber das Dilemma besteht nicht darin, dass das ‚Ich' nicht bekommt, was es will. Das Dilemma ist das scheinbare ‚Ich'.

Aber gibt es da nicht auch ein Schmerzgefühl?

Das Bedürfnis, das weiter und weiter besteht, kann nie erfüllt werden. Was wirklich ersehnt wird, ist eigentlich Nichts. Es ist unglaublich. Die Menschen wollen alles und sehnen sich eigentlich nach Nichts. Wenn Nichts übrig bleibt, ist Alles da.

○

NICHTS ZU VERKAUFEN

Die Kommunikation des offenen Geheimnisses kann nur auf das einfache Wunder des Seins hinweisen und aufzuzeigen versuchen, dass es vergeblich ist, nach ihm zu suchen. Weder akzeptiert sie Lehren, die von einem spirituellen Weg handeln, noch lehnt sie sie ab – aber sie wird das einzige und grundlegende Missverständnis kompromisslos entlarven, das zu der Überzeugung führt, es gäbe einen so genannten Suchenden, der eine so genannte Erleuchtung finden müsse.

Das offene Geheimnis schließt keinen Kompromiss mit den Bedürfnissen und Erwartungen des Suchenden. Es versucht auch nicht, sich attraktiv zu machen, indem es eine einfache und angenehme Befreiungserfahrung verspricht. Wer könnte so etwas versprechen, und wer würde es erfahren?

Weil die Vorstellung eines individuellen freien Willens und einer individuellen Entscheidungsfreiheit als illusionärer Traum erkannt wird, gibt es weder die Absicht, noch das Ziel, die Individualität zu verändern. Was das scheinbare Individuum angeht, gibt es hier nichts zu verkaufen.

Das Gefühl, ein getrenntes Individuum zu sein, fühlt sich sehr real an und wirkt sich auf jeden Aspekt der scheinbaren Erfahrung aus. Es ist ein Zustand kontrahierter Energie, der verkörpert wird und ein Gefühl der Unruhe und der Sehnsucht mit sich bringt. Da kann das mit sich herumgetragene Gefühl vorherrschen, unwürdig zu sein und etwas Unbeschreibliches verloren zu haben. Das ist, als lebte das ‚Ich‘ innerhalb der Grenzen des Körpers und sähe alles außerhalb Liegende als etwas anderes, mit dem es verhandeln muss. Diese Erfahrung erzeugt den Zwang, ständig nach Trost, Wohlgefühl oder Erlösung zu suchen. Es ist der Traum einer Individualität, die real zu sein scheint, bis sie es nicht mehr ist.

Das ‚Ich‘ sucht nach Frieden und Erfüllung. Das ‚Ich‘ sucht nach Selbstverbesserung oder Reinheit, Gegenwärtigkeit oder Losgelöstheit. Das ‚Ich‘ sucht Klarheit oder irgendeine Formel, die ihm das verschafft, was es zu wünschen oder zu brauchen meint. Aber die Tatsache, dass es nicht bekommt, was es will, ist nicht das Dilemma. Das Dilemma ist das ‚Ich‘ selbst.

Kein Bemühen, kein Prozess, keine Klarheit und keine Überzeugung kann je etwas anderes hervorbringen, als mehr ‚Ich‘, das nach etwas sucht, was das ‚Ich‘ weder haben noch kennen kann.

Die Anregung, dass die Trennung nur ein Gedanke oder eine Sichtweise ist, die in der Präsenz auftaucht und wieder verschwindet, ist für den Suchenden, der von einer einfachen Antwort träumt, die ihn nicht persönlich herausfordert und zu permanentem Glück führt, zunächst eine attraktive Idee. Gedanken über die Trennung sind nur individuelle Geschichten über einen schon vorhandenen Zustand, in dem man sich eingeschränkt und abseits fühlt. Wäre die Trennung nur ein Gedanke oder ein Glaube, könnte man sie durchschauen oder in ihr Gegenteil verwandeln und schwupps – die Befreiung erfahren … würde man denken!

Solche idealistischen Kommunikationen gehen oft Hand in Hand mit der gnadenlosen Wiederholung der Idee, Trennung sei doch ‚prima‘, weil es eh nur Einheit gibt. Das ist, als erzählte man einem Blinden, es sei ‚prima‘ blind zu sein, weil es ohnehin nur Sehen gebe. Natürlich gibt es nur Einheit. Aber was anscheinend in der Einheit auftaucht, ist ein tiefes Gefühl der Trennung, das sich überhaupt nicht ‚prima‘ anfühlt. Solche konzeptuellen

Vorstellungen beziehen sich nur auf die Symptome und erkennen nicht die Quelle des scheinbaren Dilemmas, das jeden Teil des Trennungsgefühls durchziehen kann.

Was eigentlich gesucht wird, ist Liebe. Aber absolute, allumfassende und ewige Liebe. Es ist diese überwältigende Liebe, die viele geschaut haben, und die ich in *Das offene Geheimnis* zu beschreiben versuchte, als ich darüber sprach, dass ich scheinbar durch einen Park ging und dann nicht mehr da war. Das wurde nicht erfahren, weil kein Erfahrender da war. Es war ein Einblick, den niemand erblickte. Dann kehrte ich als ‚ein Jemand' zurück und versuchte immer wieder, jene bedingungslose Liebe wiederzuentdecken, die ich nie kennen würde.

Es ist dieselbe Liebe, die in der Literatur, der Musik und der Kunst beschworen wird. Die faszinierendsten Liebesgeschichten handeln von unerwiderter Liebe, weil sie auf die absolute Liebe hinweisen, die der Einzelne nicht besitzen kann. Die starke Faszination, die davon ausgeht, sich zu verlieben, beruht auf dem ursprünglichen Gefühl, man könne sich selbst in der Liebe verlieren. Das ist die überwältigende Liebe, die all unsere Sehnsüchte erfüllt, und sie ist die Fülle in der Leere, dass Alles im Nichts. Sie ist bedingungslose Liebe, die auch als ihr Gegenteil erscheint. Wunderbarerweise ist es auch eben diese Liebe, die ständig durch unsere Sinne zu uns singt und in jedem Teil der Lebendigkeit vibriert, die geschieht.

Befreiung ist ein Wort, das eine scheinbare Loslösung aus der Illusion des Gefühls beinhaltet, eingesperrt und von der Liebe oder der Ganzheit getrennt zu sein. Diese Verschiebung ist letztlich eine energetische Befreiung aus der Kontraktion – hinein in die Grenzenlosigkeit … scheinbar.

Wann immer und wo immer ein tiefes und kompromissloses, gemeinsames Teilen dieses sehr realen Seins-Paradoxes stattfindet, kann eine spürbare Resonanz entstehen. Aus dieser Offenheit kann sich die Kontraktion in die Grenzenlosigkeit auflösen, und was auftaucht, ist das Wunder, einfach zu *sein*.

○ ○ ○

Was genau fühlt sich an diesem ‚Ich‘ so real an?

In gewissem Sinne liegt genau darin das gesamte Dilemma des ‚Ich‘. ‚Ich‘ entwickelt sich als Kind zu immer mehr ‚Ich‘, das von anderen ‚Ichs‘ umgeben ist, und das verstärkt das Gefühl, ‚Ich‘ sei ein Individuum. Der Hauptgrund liegt darin, dass die Energie der Trennung, die ein Gefühl von Identität und Individualität erzeugt, eine zelluläre, im Körper gehaltene Energie ist. Sie ist energetisch; sie ist keine Idee. Man wächst nicht mit der Idee oder der Überzeugung auf, man sei eine Person – man ist sich sicher, ein Individuum in einem Körper zu sein.

Als ich Tony Parsons war, hatte ich definitiv das Gefühl, als lebte Tony Parsons in dieser Haut, und als sei diese Haut meine Grenze. Ich fühlte mich wie eine reale Person. Das Heranwachsen, zur Schule gehen usw. führt zu der absoluten Gewissheit, man sei nicht nur real, sondern habe auch einen freien Willen und die Fähigkeit, Entscheidungen zu treffen, und man befände sich in seiner eigenen realen Geschichte, in der Ursache und Wirkung ebenfalls real seien. Zunehmend wächst das Gefühl, es gebe da einen realen Jemand in einer Welt voller anderer Jemande. Alles bestätigt diese Realität. Und daraus entsteht die Unzufriedenheit, die auf der Erfahrung basiert, vom Leben getrennt zu sein.

So bemühen sich die Lehren von der Erleuchtung, jemanden auf einen Weg zu führen oder ihm eine Methode zu geben. Diese Lehren unterstützen das Gefühl, es gebe eine reale Person, die aktiv werden und etwas tun könnte. Dieses Gefühl wird wiederum von der jeweiligen Methode der Suche unterstützt. Es hat alle möglichen Wege wie das Christentum oder den Buddhismus gegeben – religiöse Wege, die damit zu tun haben, Gott oder den Himmel zu erreichen.

In neuester Zeit gab es andere, offensichtlichere Lehren, wie zum Beispiel die Selbsterforschung. Selbsterforschung ist eine Methode, eine Möglichkeit, Gewahrsein zu entwickeln. Das ‚Ich‘ lebt schon in einem persönlichen Gewahrsein. Es ist nicht notwendigerweise fokussiert, aber wenn die Energie des ‚Ich‘ offenbar wird, ist sie von dem persönlichen Gewahrsein begleitet, dass ich und die anderen wirklich existieren, gekoppelt an das scheinbare Gewahrsein der getrennten Welt dort draußen. Es ist nicht fokussiert, es ist einfach ein persönliches Gewahrsein. Es ist die Art und Weise, wie das ‚Ich‘ Form annimmt und getrennt von dem bleibt, was ist – indem es sich dessen gewahr ist. Das ‚Ich‘ ist sich also dessen gewahr, auf einem Stuhl zu sitzen. Die eigentliche Essenz des Sitzens auf einem Stuhl wird von dem ‚Ich‘ getrennt gehalten. Und das verstärkt immer noch die Geschichte der Trennung. Es wird Selbst-Gewahrsein genannt.

Eine solche Lehre verstärkt einfach weiterhin die Idee, es gäbe ein ‚Ich‘, das etwas finden kann, und die Selbsterforschung sei ein weiterer Weg zu irgendetwas Erfüllendem. Es wird Erleuchtung genannt, aber was durch die Fokussierung des Bewusstseins wirklich entwickelt wird, ist ein Gefühl der Distanziertheit. Dieses Gefühl der Distanziertheit kann wie die Erleuchtung erscheinen. Wird das Gewahrsein auf alles andere fokussiert, entsteht irgendwie eine Distanz zwischen dem Wissenden und dem Geschehen des Lebens. Man errichtet scheinbar eine Art Elfenbeinturm um das ‚Ich‘, das immer distanzierter wird. Das fühlt sich eine Zeit lang sehr befreiend an. Es ist eng mit dem Phänomen der Dissoziation verknüpft.

Die große Ironie bei dem Ganzen ist, dass das Selbst fälschlich annimmt, es besitze die einzigartige, privilegierte Fähigkeit, etwas zu entdecken, was es als die ‚höchste Wahrheit' bezeichnen würde – und dann wendet es eine Menge Energie auf, um danach zu suchen. Es glaubt auch, es habe durch seine scheinbare Fähigkeit, gewahr zu sein, eine Art Obermacht über den Rest der Schöpfung. Doch es ist genau dieses Gewahrsein, dass es von dem trennt, wonach es sich sehnt. Alles andere – die gesamte Manifestation – *ist* einfach schon, was das Selbst zu greifen versucht.

Ich stimme dem zu, was du über Selbsterforschung sagst. Was, wenn gesagt wird, Hören geschieht, Gedanken geschehen und Gefühle geschehen? Da gibt es keine Notwendigkeit für ein ‚Ich', damit die Dinge geschehen, da ist einfach nur reines Wissen. Da ist niemand, der es wissen müsste, es geschieht einfach nur, doch hinterher sagt das ‚Ich': „Ich weiß und ich sehe." Kann das nicht ein Fingerzeig sein, und da ist einfach nur reines Wissen?

Das sogenannte ‚reine Wissen' ist immer noch eine Funktion innerhalb des Ganzen. Wo ein Wissen ist, ist auch ein Wissender. Eines der Dinge, das mit dem Gefühl, getrennt zu sein, einhergeht, ist große Angst. Eine der Möglichkeiten, wie die Angst eine kurze Zeit lang beruhigt werden kann, ist durch Wissen. Wenn ich weiß, was es ist, dann habe ich mehr Kontrolle darüber. Eins der großen Motive für die Selbsterforschung besteht darin, Wissen und Gewahrsein zu erlangen. Bewusstsein ist eine Art des Wissens und ein Weg, das Selbst vor der entsetzlichen Möglichkeit zu beschützen, dass das Selbst sterben könnte und nichts als Nichtwissen bleiben würde. Das ist so erschreckend für das Selbst, dass es jeden möglichen Weg erfinden wird, der es irgendwie davor schützt. Und dann nennt es diesen Weg einen spirituellen Weg, was sehr befriedigend für das höhere Selbst ist, das nach höheren Idealen strebt.

Progressive Erleuchtungslehren, die Methoden wie Meditation, Selbsterforschung oder die Idee von Akzeptanz oder Hingabe empfehlen, beruhen auf der Überzeugung, es gebe ein Selbst, das wählen könnte, diese Dinge zu tun oder nicht zu tun. Diese Annahme wird von den jüngsten Entdeckungen der Neurowissenschaft entkräftet, die besagen, dass die Existenz eines Individuums mit freiem Willen und Entscheidungsfähigkeit eine Illusion sei.

Du hast gesagt, selbst wenn kein Gewahrsein der Kontraktion besteht, sei sie doch immer da?

Sie kommt und sie geht. Im Tiefschlaf ist sie nicht da. Wenn der Körper aufwacht, taucht das gesamte Konstrukt eilends wieder auf. Am Anfang des Tages findet eine komplette Re-Identifikation des ‚Ich' statt, die durch das Gewahrsein in die Wege geleitet wird. Doch was immer da auftaucht, braucht kein Gewahrsein.

Ich frage mich, was du meinst, wenn du sagst, dass hier etwas anderes geschieht, dass die Worte ein Vorwand für irgendetwas anderes sind?

Hier geschieht Nichts. In dem Alles, das zu geschehen scheint, ist das Nichts.

Und die Fragen, die gefragt werden, versuchen die ständig, das ‚Ich' abzuweisen?

Die Fragen, die gefragt werden, versuchen das ‚Ich' zu stärken, sie versuchen, Unterstützung für das ‚Ich' zu erhalten, obwohl sich das auch ändern kann. Da ist niemand, und nichts was gegeben werden könnte.

Könnten wir nicht einfach Karten spielen oder so etwas?

Es gibt keine bestimmte Absicht, es gibt nur das, was scheinbar geschieht. Es gibt nur Nichts, das Dies zu sein scheint. Das ist dasselbe, wie die Wandlung von Energie. Manchmal wird darüber gesprochen, dass sich die kontrahierte Energie zurück in die Grenzenlosigkeit auflöst. Nichts von diesen Dingen ist real. Sie geschehen nicht wirklich. So etwas wie eine reale Befreiung gibt es nicht – auch keine reale Kontraktion und keine grenzenlose Energie. Was da ist und was nicht da ist, kann wieder beschrieben noch gewusst werden, es ist dies. Das ist der Grund, warum jede Vorstellung, du könntest es finden oder nicht finden, lächerlich ist. Wie könntest du das Unkennbare kennen? Es ist im Wesen des Sitzens auf einem Stuhl oder darin, sich warm zu fühlen. Das, was geschieht, ist das, was nicht gekannt werden kann, aber ständig ersehnt wird.

Es gibt einfach nur, was ist, aber manchmal hast du über die Erscheinung gesagt ...

Es gibt nur Nichts, das erscheint. Es ist nicht das Absolute und das Relative; es ist das absolute Relative als ein Ding. Es gibt nichts anderes als Alles, und das ist, was ist und nicht ist.

Das Wort Befreiung gibt dem Denker die Vorstellung, so etwas könne existieren und er könne frei sein?

Was den Suchenden angeht, so lebt er in einer Subjekt-Objekt-Realität, mit dem Suchenden als Subjekt und der Erleuchtung als Objekt. Und so fühlt sich das Objekt der Erleuchtung real an ... das ist das Dilemma. *Dies ist es*, es ist schon. Dies ist es. Was gesucht wird, *ist* schon: Sitzen, Klänge, Atmen ist, was ist und nicht ist. Alles was da ist, ist, was geschieht; Denken ist einfach nur, was geschieht. Selbst die Vorstellung, es gebe einen Weg und einen Suchenden, ist, was ist.

Könnte man sagen, dass nach der Befreiung alles gleich bleibt?

So etwas wie eine reale Befreiung gibt es gar nicht. Alles ist, was es ist, vor dem Ende dessen, was sich für real hält – und in der Geschichte von mir scheint alles real zu sein. Wenn die Phantasie wegfällt, dann ist es, was es ist – ohne die Projektion des ‚Ich‘, die es nicht ist. Wenn das ‚Ich‘ eine Wand anschaut, dann ist die Wahrnehmung oder die Erfahrung dieser Wand für das ‚Ich‘ real, fest und separat, obwohl die Wand einfach nur das Nichts ist, das ‚wandet‘.

Gibt es nach der Befreiung noch Neurosen?

Das Gehirn hält an einem Trauma fest und reagiert deshalb anscheinend auf Situationen, die mit diesem Trauma zu tun haben. Nach der Befreiung kann das Gehirn eine Weile an dem Trauma festhalten, aber weil es niemanden namens ‚Ich‘ findet, mit dem es sprechen könnte und weil da nichts ist, das mit den Neurosen interagiert und ihnen Energie gibt, verschwinden sie irgendwann. Aber das ist sowieso unerheblich. Diese ganze ‚Nach-der-Befreiung-Sache‘ ist sowieso vollkommen anders, als sich der Suchende das vorstellt. Suchende glauben, der Körper würde zu einem perfekten Instrument, vollkommen moralisch, akzeptierend und gesund. Es gibt Menschen, die scheinen so zu sein, denn Energie kann als alles erscheinen. Und so gibt es die scheinbar perfekten Gurus in der Welt, die mit der Vorstellung übereinstimmen, wie persönliche Vollkommenheit aussehen sollte. Das ist aber einfach nur eine Geschichte. Befreiung hat nichts mit Moral oder Ethik zu tun – Moral und Ethik sind einfach eine andere Möglichkeit, die Geschichte von ‚Mir‘ zu fördern und zu erreichen, dass sich das ‚Ich‘ eine Zeit lang besser und sicherer fühlt.

Kannst du noch etwas über die Nichtheit, das Nichts sagen? Gibt es so etwas?

Alles, was ich über Nichts sagen kann, ist, dass es eine riesige Menge davon gibt! Du sitzt auf ihm, du atmest es, und diese

Stimme ist es ebenfalls. Es gibt nicht mehr von Nichts und weniger von allem anderen, oder andersherum, weil eines von ihnen über den Tellerrand schwappen würde. Es gibt einfach nur Nichts und Alles gleichzeitig. Das ist das Paradox.

Woran denkst du jetzt gerade, wenn du da so entspannt sitzt?

Das Entspannende ist, dass hier nichts ist und dass es keine Absicht gibt. Denken taucht auf, aber das hat keine Bedeutung, weil nichts ,wichtig' ist. Es gibt da nicht länger irgendetwas, das sich auf das bezieht ,was ist', oder sich dessen gewahr ist ,was ist'. Da ist einfach nur ,was ist'. Da ist nichts, das sich in irgendetwas hinein- und herausbewegt, da ist einfach nur ,Sein'. Denken ist ,Sein', auf einem Stuhl sitzen ist ,Sein'. Da ist einfach nur ,Sein', aber selbst dieses Wort ist es nicht.

In der letzten Stunde sind die Empfindungen verschwunden und es taucht etwas auf, aber in Wirklichkeit ist da Nichts, und dann denke ich, ich bin zurückgekommen. Es ist kompliziert.

Solange da ein ,Ich' ist, gibt es keine Möglichkeit, dass dies erkannt werden könnte. Es ist nur dann absolut offensichtlich, wenn niemand da ist. Das ,Ich' denkt, das sei lächerlich, aber wenn das ,Ich' kollabiert, ist es absolut lächerlich, dass es je ein ,Ich' geben könnte. Es ist so offensichtlich, aber wenn es jemandem geschieht, kann er es nicht erklären. So bleibt es dem Suchenden verborgen, indem es Alles ist; und der Suchende kann es nicht finden, weil er nach einem Etwas sucht, das er in Allem erkennen könnte.

Du sagst, dass diese Befreiung durch nichts hervorgebracht werden kann. Doch du sagst auch, es sei befreiend, in dieser Energie zu sitzen. Man könnte sagen, es gibt nichts zu gewinnen, weil wir alle dieselbe Einheit sind – warum ist es also befreiend, in dieser Energie zu sein?

Es ist befreiend für niemanden und so gibt es auch nichts zu gewinnen. Die scheinbare Befreiung ist die Befreiung von der scheinbar kontrahierten Erfahrung. Aber das ist eine Geschichte. Da ist niemand hier, der wählen könnte, hier zu sein oder nicht hier zu sein. Es hat nichts mit irgendjemandem zu tun, der irgendwo ist, weil es nichts außer Grenzenlosigkeit gibt.

Hast du einmal eine religiöse Phase durchgemacht? Wie siehst du die Menschheit: Hatte Gott seinen freien Tag, als er die Menschheit erschaffen hat?

In Wirklichkeit ist es die Menschheit, die Gott erschaffen hat. Die Vorstellung, Gott habe die Menschheit erschaffen, taucht nur in dem Traum von ‚Mir‘ auf. Alles, was da ist, ist Energie, Ganzheit – und es gibt nichts, was das Ganze im Griff hat. Es hat keine Richtung, es ist chaotisch und geordnet. Es ist Nichts, das als Energie auftaucht, die scheinbar geschieht. Es erfüllt weder einen Zweck noch hat es irgendeinen Sinn. Es gibt keinerlei Überschneidungen zwischen ihm und irgendwelchen religiösen oder spirituellen Lehren. Dies ist keine persönliche Lehre, und es schreibt absolut nichts vor. Es schlägt nur etwas vor. Es hat keinen Zweck und keine Absicht, und es wird nichts angeboten. Es ist die wundervolle Botschaft der Hoffnungslosigkeit, und sie ist bedingungslose Liebe und das einzige Mitgefühl.

Ich habe ein Bild im Kopf von unsichtbaren Lampen und von Energie, die durch den Raum schwebt. Dann öffne ich meine Augen und sehe Menschen mit Haaren und Kleidung. Ist das näher an der Realität?

Was das ‚Ich‘ angeht, so sieht es nicht die natürliche Realität, es sieht eine künstliche Realität. Das ‚Ich‘ sieht ein scheinbares Anderes auftauchen, wie zum Beispiel Menschen. Das, was nicht zwei ist, scheint eine dualistische Realität zu sein.

Aber Energie ist unsichtbar?

Nein, das ist sie nicht, du schaust sie an, Energie ist alles. Wenn ein ‚Ich' da ist, dann sieht es keine Energie, es sieht ein festes, solides Ding, das es für ein anderes Objekt hält. Wenn kein ‚Ich' da ist, ist offensichtlich, dass alles einfach nur Energie ist. Du bist in Wirklichkeit wirbelnde Partikel, die zusammenkommen, um das zu bilden. Kein Wille, kein Ziel und keine Bedeutung, einfach nur, was ist und nicht ist.

Kommt dein Ausdruck aus dieser Energie?

Nein, ich habe keinen Ausdruck. Da ist nichts mehr; da ist nur noch das, was ist. Diese Antwort kommt aus dem Nichts und die Frage kommt auch aus dem Nichts.

Nimmt die Energie diese Form an?

Sie nimmt sie nicht an. Sie ist schon Nichts, das als Alles erscheint. Die Energie ist sowohl real als auch irreal, sie ist einfach. Sie ist zeitlos, sie ist einfach. Da ist kein Vorher und Nachher, und dies wird auch nicht weitergehen, weil es nie angefangen hat. Es ist, wie es ist und nicht ist.

Es scheint, dass alles so chaotisch ist – und plötzlich sah ich es auf andere Weise. Wenn ich da bin, muss es in gewisser Weise geordnet werden. Wenn es einfach nur chaotisch ist, ist es ein Wunder, dass es da eine Stimme oder einen Körper gibt.

Chaotisch bedeutet, dass es unvorhersagbar ist und nicht gewusst werden kann. Das ‚Ich' denkt, es kenne dies und habe alles im Überblick. Dies ist ein Raum, dies sind Menschen und ich bin eine Person, es ist also alles in Ordnung. Das ‚Ich' denkt, es kenne die Dinge, und sie zu kennen, gibt ihm Sicherheit. Es erschafft eine künstliche Welt, um der Realität zu entfliehen, weil es Angst hat. Die Realität ist das, was ist, sie ist wild und frei. Das ‚Ich' hat den verzweifelten Wunsch, sich selbst zu kennen und die Idee von Bewusstsein, das sich selbst erkennt und danach in Kontrolle ist, ist das Ziel.

Viele Lehren versprechen als höchstes, endgültiges Ziel, dass die Belohnung für Meditation oder Selbsterforschung im plötzlichen Erkennen des Bewusstseins als letzte Befreiung besteht. Das ‚Ich‘ will so verzweifelt die Kontrolle erringen, dass sich selbst seine Vorstellung von der Erleuchtung um das höhere ‚Ich‘ dreht, das etwas weiß. Das ist immer noch sicher. Das ‚Ich‘ ist komplett davon besessen, zu wissen – es glaubt, wissen zu müssen. Es glaubt, es müsse in einem Zustand des ‚gegenwärtigen Wissens‘ sein.

Und weil *dies* absolut nicht zu wissen ist, gibt es hier nichts zu ergreifen. Gib dir gar nicht erst die Mühe, irgendeine Idee zu erfassen, um sie mit nach Hause zu nehmen. Es gibt hier überhaupt nichts, das für den Suchenden irgendeinen Nutzen hätte. Hier wird nichts verkauft. Du kannst nichts richtig oder falsch verstehen. Du kannst nicht auf dies zugehen oder dich von ihm wegbewegen. Du kannst dich nicht auf irgendeine bestimmte Art verhalten, die dies richtig macht. Du kannst nicht versuchen, ‚Nicht-Ich‘ zu suchen. Es hat also überhaupt keinen Zweck, zu versuchen, kein ‚Ich‘ zu sein oder zu versuchen, die eine oder andere Idee zu begreifen.

Das Wundervolle daran ist, dass du hingehen kannst, wo du willst und tun kannst, was du willst – das, nach dem du dich sehnst, verschwindet nie. Es ist immer und jederzeit alles, was es gibt.

Was ist Langeweile und wer verspürt Langweile?

Langeweile entsteht, wenn das suchende ‚Ich‘ nach etwas Ausschau hält, was es an- oder aufregt, damit es sich lebendig fühlen kann. Das ist auch der Grund für die derzeitige Faszination von Emotionen. Alles muss heute immer emotionaler werden, damit wir uns nicht langweilen. Das ist das Dilemma des ‚Ich‘, das im Kreis herumläuft und nach dem nächsten Ereignis Ausschau hält. Das ‚Ich‘ lebt in dem, was sein wird; es kann unmöglich erkennen, was *ist*.

Verändern sich körperliche Schmerzen mit dem ‚Nicht-Ich‘?

Schmerzen sind Nichts, das *‚schmerzt‘*. Wenn ‚Ich‘ da ist, nimmt es den Schmerz in Besitz und bezeichnet ihn als seinen eigenen – meinen Schmerz – es schmerzt mich. Mit dem ‚Nicht-Ich‘ ist da einfach nur Schmerz. Sobald da ein ‚Ich‘ ist, macht es eine Geschichte daraus – ich und mein Schmerz – es verwandelt den Schmerz in ein Drama. Schmerz ist Schmerz, Wände sind Wände und Autos sind Autos – da ist nur das, ‚was ist‘ … scheinbar.

Gibt es irgendeine Eigenschaft wie Offenheit, Wahrhaftigkeit oder Ehrlichkeit, die hilfreich wäre?

Das ‚Ich‘ möchte gerne eine Vorstellung davon haben, wie es sein könnte, zum Beispiel wahrhaftig. Das ‚Ich‘ kann nicht offen sein, es traut sich gar nicht, offen zu sein. Das ‚Ich‘ nimmt innerhalb der Geschichte bestimmte Tugenden an, die aber im Ganzen keinerlei Wert haben. Es ist nicht nötig, dass das ‚Ich‘ tugendhaft ist; es ist egal, ob du brutal unehrlich bist – dies würde dennoch passieren, unabhängig davon, wie du dich verhältst … es gibt kein du, das ‚wie‘ irgendetwas sein könnte.

> **Das Leben ist keine Aufgabe. Es gibt absolut nichts zu erreichen, nur die Erkenntnis, dass es absolut nichts zu erreichen gibt.**

Was immer jenseits ist oder Einheit – schaut es durch diese Augen und blickt also auf sich selbst?

Nein, irgendetwas, das blicken würde, wäre immer noch Teil der Geschichte – es gibt hier nichts, das blickt, es gibt nur das, was da ist. Dies kann nicht gewusst werden – wir teilen hier ein Geheimnis. Was beschrieben wird, ergibt keinen Sinn. Das ‚Ich‘ kann glauben, es blicke oder beobachte, aber das ist eine Funktion. Es gibt kein Subjekt und kein Objekt.

... und das Tun?

Vor jedem Wort sollte der Ausdruck ‚scheinbar‘ stehen. Es gibt den Schein des Tuns – dies ist der Anschein eines Raumes mit Körpern darin, die scheinbar Dinge tun – es ist einfach Ganzheit, die als dies erscheint. So etwas wie ein Individuum, das Dinge tut, gibt es nicht; es scheint nur so. Das ist das erstaunlichste, entzückendste Spiel.

Es gibt also auch nicht so etwas wie Sehen, eine Art Erkenntnis dessen?

Nach der Befreiung oder beim Tod des Körpers gibt es zunächst eine unpersönliche Erkenntnis, dass nie jemand oder irgendetwas da war, das befreit werden könnte. Befreiung ist das Ende von etwas, das nie geschehen ist. Da ist nur, was ist, und danach gibt es nicht etwas, das mit dieser Erkenntnis herumläuft. Es scheint, als sei hier etwas, das es beschreibt oder das weiß, dass da nur ist, was ist – aber so ist das nicht. Das ist das Paradox von Kommunikationen wie dieser: Da ist nur, was ist, und es kann nicht beschrieben werden.

Ist das kontrahierte Selbstgefühl nach der Befreiung verschwunden?

Du erzählst eine Geschichte. Es war nie da, und so ist es auch nicht verschwunden. Es war nie wirklich da und musste auch nicht verschwinden. Es erschien innerhalb der Ganzheit als ein Gefühl der Trennung. Aber wenn das, was nie da war, nicht länger geschieht, dann gibt es nichts, zu dem man zurückkehren könnte.

Stehst du da und erlebst, ,was ist'? Kannst du einen Unterschied ausmachen zwischen dem Stehen vor und nach der Befreiung? Gibt es zum Beispiel einen Unterschied beim Sitzen und Anschauen der Wand?

Nein, da ist nur dieses ,was ist'. Da ist kein ,Ich', das hier steht. ,Was ist' kann nicht beschrieben werden. Es kann nicht gewusst werden. Alles, was gesagt werden kann, ist, dass Stehen ist, was ist – und das ist zeitlos. Es ist der unendliche Ausdruck. Da ist kein Ding, das scheinbar geschieht. Stehen ist die natürliche Realität.

Das ,Ich' ist also abhängig vom ,Ich'. Was ist dann Nichts?

Aus Nichts taucht die Geschichte des ,Ich' auf, das von sich selbst abhängig ist. Das suchende ,Ich' ist der absolute Ausdruck der Ganzheit, das Absolute, das als dies erscheint. Es ist einzigartig menschlich, nichts sonst hat das Gefühl einer separaten Identität. Nichts ist Nichts und kann nicht gewusst werden. Aus dem Nichts tauchen Gewahrsein, Suchen, Autos und Marmelade auf! Nichts ist Alles, Leere ist Fülle.

Ich kann mit dem, was du sagst, etwas anfangen – mit Ausdrücken wie unbeschreiblich, nicht zu wissen usw. Aber wenn du über Nichts sprichst, das da steht, bin ich verwirrt.

Aber es ist dasselbe. Es ist ein Mysterium. Es ist faszinierend. Wie kann etwas da sein und nicht da sein? Das kann von ,Mir' nicht erkannt werden, weil ,Mir' glaubt, es sei real und nur real … Wenn das kollabiert, ist plötzlich absolut offensichtlich, dass es Nichts ist, das als *das* erscheint. Für das ,Ich' ist das ein Mysterium, es kann das nicht verstehen. Wenn kein ,Ich' vorhanden ist, ist es offensichtlich, und es ist Freiheit.

Wenn das vermeintliche Gefühl von Trennung scheinbar kollabiert, ist da schon nur das konstante, nichtkennbare Wunder des Seins.

Es scheint merkwürdig, darüber zu sprechen, da Sprache sich immer nur um ‚Mich‘ dreht; wie sprichst du also über eine völlig andere Realität?

Die natürliche Realität ist jenseits des Sprechens über sie. Doch der Unterschied zwischen dem, was hier und dem, was woanders kommuniziert wird, liegt darin, dass diese Kommunikation einfach nur auf das Unendliche hindeutet, sie deutet nicht vom Unendlichen weg wie eine Lehre. Das Unendliche kann nicht gefunden werden, es kann weder gelehrt noch verstanden werden. In gewisser Weise sind die Worte nutzlos, aber sie sind auch Nichts, das ‚wortet‘. Sie haben also eine Energie. Was hier eigentlich geschieht, ist energetisch und jenseits von Worten.

Ich habe eine Frage zur Bedeutung des Wortes ‚ist‘.

Der beste Ausdruck ist ‚alles, was ist‘ oder ‚was ist und nicht ist‘. Keiner versteht es. Da ist niemand hier, der es verstehen müsste, weil offenkundig ist, dass ‚alles, was ist‘ gleichzeitig ‚was ist und nicht ist‘ ist – beides zur selben Zeit. Es ist ein Mysterium.

Es ist so merkwürdig, dass wir irgendwie wissen, dies ist bedeutungslos. Das ‚Ich‘ erschafft diese ganzen Störungen und trotzdem halten wir es aufrecht?

Die ‚Geschichte von Mir‘ ist faszinierend und auch das ‚Ich‘ ist fasziniert von der Idee, es werde Erfüllung finden.

Es braucht also die komplette Auflösung des ‚Ich‘, um dies zu verstehen und aufzugeben?

Ja, aber ‚Ich‘ kann das nicht tun. Es ist die Desillusionierung.

Wenn ‚Ich‘ das also nicht verstehen kann, verschwindet es einfach oder gibt es auf?

Das ‚Ich‘ kann sich selbst nicht auflösen. Das ‚Ich‘ kann nicht aufgeben, weil das ‚Ich‘ die Geschichte der Trennung und die Suche nach Einheit ist.

Das, was ist, als Objekt zu spüren, ist also eine weitere Form des ‚Ich‘ in der Geschichte?

Ja, es ist immer noch die Geschichte. Das, ‚was ist‘, zu spüren ist dasselbe, wie sich dessen gewahr zu sein, was ist. Es muss da etwas Separates geben, das sich gewahr ist. Am ehesten könnte man sagen, das, was von diesem ‚was ist‘ getrennt ist, wird plötzlich von dem, was ist, verspeist. Und das ist dann das Ende. ‚Ich‘ wird verspeist und stirbt im ‚Was ist‘.

Das scheint irgendwie nicht mehr so zum Fürchten zu sein.

Nein, es ist überhaupt nicht zum Fürchten – außer für ‚Mich‘. Es ist sehr einfach und gewöhnlich, aber solange da ein ‚Ich‘ ist, erzeugt es Angst, weil es mit Sterben zu tun hat. ‚Ich‘ weiß nicht, wonach es sich sehnt, und deshalb ist der Tod des ‚Ich‘ dem ‚Ich‘ nicht bekannt. ‚Ich‘ ist Wissen oder Gewahrsein, und es fürchtet sich sehr davor, aufzuhören zu wissen. Wenn eine Öffnung zu *dem* auftaucht, kann ‚Ich‘ beginnen, auseinanderzufallen oder sich aufzulösen oder seine Kraft zu verlieren, und wenn das geschieht, wird ‚Ich‘ um sein Überleben kämpfen oder nicht so viel Angst davor haben, nicht da zu sein. Dann kann eines Morgens das Aufwachen geschehen und es ist kein ‚Ich‘ mehr da. Du musst dafür nicht irgendein Drama durchmachen, es ist total gewöhnlich.

Kann es sein, dass es einige Lehrer gibt, deren ‚Ich‘ zusammengebrochen ist, die aber trotzdem mit der Illusion weitermachen?

Wenn das ich scheinbare ‚Ich‘ zusammenbricht, ist da niemand, um zu lehren, und niemand, um zu lernen. Die Illusion der Trennung durch das Lehren eines Weges aufrechtzuerhalten, hat nichts mit Mitgefühl zu tun; es ist eine Mittäterschaft, die weiterhin die Illusion unterstützt. Auch das ist, ‚was ist‘ und nicht ist.

Du scheinst Lehrer und Lehren ziemlich oft anzugreifen. Warum eigentlich?

Zunächst mal sind Lehrer als solche nie persönlich angegriffen worden, weil erkannt wird, dass das ‚Ich‘ oder ‚Selbst‘ oder ‚Mich‘ eine Illusion ist. Doch eine progressive Entwicklungslehre, die den Suchenden aus der Sicht des offenen Geheimnisses in der Illusion festhält, wird ständig entlarvt werden …

Warum gibt es jetzt so viele verschiedene Arten von Therapien und Lehren, die behaupten, non-dual zu sein?

Der Begriff non-dual wird einfach übernommen, um die Überzeugungen und Hoffnungen des Suchenden zu befriedigen, dass es da ein Etwas namens Non-Dualität gibt, das mithilfe persönlicher Entscheidungen und Bemühungen erreicht werden kann. Ein gutes Beispiel dafür ist die Behauptung vieler Selbsterforschungs-Lehrer, dass dem ‚Ich‘, wenn es glaubt, sich entscheiden zu können, in die Trennung ‚verwickelt‘ zu sein oder – mit genügend Mut, Ehrlichkeit und Demut – nicht in die Trennung ‚verwickelt‘ zu sein, die spezielle Genehmigung erteilt wird, das eine oder das andere zu wählen.

Hierbei muss man davon ausgehen, dass diese spezielle Genehmigung von ‚Gott‘ – oder seinem modernen Äquivalent, dem ‚Bewusstsein‘ – erteilt wird, und zwar den wenigen, die eines solchen Privilegs als würdig betrachtet werden. Es ist erstaunlich, dass eine derart pseudoreligiöse Phantasie auf irgendeine Weise mit der Essenz der Non-Dualität in Verbindung gebracht werden kann. Doch das scheinbare ‚Ich' kann sehr schlau sein, wenn es um sein Überleben geht.

Und was ist mit der Konditionierung in einigen Traditionen?

Das wäre dann das ‚Ich', das konditioniert ist zu glauben, es gebe eine Tradition und eine traditionelle Lehre. Das beruht auf der Überzeugung, das ‚Ich' sei real und könne sich entscheiden, von A nach B zu gehen. Diese Vorstellung entsteht aus der dualistischen Überzeugung, das so genannte Absolute sei getrennt vom sogenannten Relativen, und der Suchende müsse sich vom niedrigen Relativen zum edlen Absoluten erheben. Diese falsche Prämisse bildet die Basis aller Lehren des Werdens, wie in der letzten Antwort beschrieben.

Wenn es funktioniert, ist es dann nicht okay?

Du träumst schon wieder! Das ‚Ich' träumt, etwas könnte funktionieren, es könnte ein Resultat hervorgebracht werden. Darin liegt die Wurzel des Lehrens und Suchens. Nichts braucht es nicht, dass irgendetwas funktioniert; es ist das Prinzip aller Lehren, zu erreichen, dass irgendetwas funktioniert, dass es sich verändert. Aber warum sollte Nichts, das Alles ist, irgendetwas verändern wollen, wenn alles schon längst vollkommen erfüllt ist? Warum sollte das Unendliche irgendetwas besser machen wollen?

> **Dogmen, Prozesse und progressive Wege verstärken
> nur das Problem, das sie lösen wollen, indem sie
> die Vorstellung fördern, das Selbst könne etwas
> finden, von dem es glaubt, es verloren zu haben.
> Es ist genau diese Bemühung, diese Verstärkung der
> Selbstidentität, die ständig die Illusion der Trennung
> von der Einheit neu erschafft. Es ist der Traum der
> Individualität.**

Und was ist mit Emotionen, und was mit Handlungen, die daraus erfolgen?

Emotionen sind Energien in einer scheinbaren Form. Sie sind ‚was ist', genau wie Handlungen. Wenn das ‚Ich' zusammenbricht, gibt es nur *das* - scheinbar. Wut geschieht, und ja, Aktionen können folgen oder auch nicht – aber nur scheinbar. Die einzige Möglichkeit, das zu beschreiben, ist, dass nur da ist, was geschieht … scheinbar.

Es gibt einige Orte, von denen gesagt wird, sie hätten spezielle Einflüsse. Ist das wirklich so?

Das ist ein Traum über Subjekt-Objekt-Welten und darüber, dass es einige Orte gäbe, die anders seien; mit dieser Botschaft hat das nichts zu tun. Für das ‚Ich' besteht das Problem darin, dass es nach etwas Bedeutungsvollem sucht, wie einem heiligen Berg oder jemandem, der heilig oder still oder spirituell zu sein scheint. Das ist reiner Dualismus und es ist auch, was ist und nicht ist.

Aber ein Berg kann eine bestimmte Energie haben …?

Es gibt nur Energie, und somit kann dieser Berg eine bestimmte Energie haben und ein anderer Berg eine andere Energie. Beide sind Erscheinungen der Ganzheit ohne jegliche Bedeutung. Das ‚Ich' sucht immer nach einem Zeichen oder einer Antwort, aber da gibt es keine. Es kann keine Antwort geben, weil es keine Frage gibt. Wenn es eine Frage oder eine Antwort gäbe, gäbe es noch etwas zu erreichen und etwas zu haben und zu wissen.

Wie kann das gewöhnlich sein und wie kann das Liebe sein? Wie können da Frustrationen und Schmerzen und Staunen sein, und wie kann das Liebe sein?

Bedingungslose Liebe ist alles: Frustration, Wut, Schmerz, Freude … alle diese Dinge. Sie ist absolute Ganzheit und kann nicht begriffen werden. Sie schließt alles mit ein, und das ist auch der Grund, warum dich das, nach dem du dich sehnst, nie verlässt. Es ist ständig vorhanden: in der Frustration, der Freude und alldem. Alles das ist der Geliebte.

Das Leben ist sein eigener Zweck und es braucht keinen Grund, um zu sein. Das ist seine Schönheit.

Die Kontraktion der Energie im Körper, ist das nur menschlich, ist das das ‚Ich‘?

Die Idee des ‚Ich‘ geschieht, aber es ist kein Gedanke, kein Glaube – es ist energetisch. Die Vorstellung ‚Ich bin ich‘ ist einfach nur eine Information, eine Bestätigung, die nichts bedeutet. Wenn du den Gedanken umwandelst in ‚Ich bin alles‘, ist das auch nur eine Information im Kopf.

Könnte das auch ein Problem mit der Terminologie sein? Buddha nennt es das Nicht-Selbst.

Das sind alles Ideen darüber, dass eine Lehre dem Suchenden eine Antwort geben müsste; das Nicht-Selbst finden ...! Da wird einfach nur einem Jemand etwas angeboten, von dem er träumt, er könne es haben. Man kann dies nicht in Worte fassen. Oder richtiger: es gibt zwei Arten von Sprache – eine deutet auf das Unendliche hin und die andere deutet von ihm weg. Das, was als persönliche Lehre erscheint, ist in eine Sprache gefasst, die vom Unendlichen wegdeutet, weil sie dir sagt, du könntest es finden. Diese Kommunikation verwendet nur eine Sprache, die zum Unendlichen hindeutet, aber sie suggeriert nicht, es könne eingegrenzt oder gewusst werden.

Ganz gleich, von wo und wann diese Erkenntnis kommuniziert wird, sie hat nichts mit dem Erreichen irgendeines Ziels, mit irgendeiner Überzeugung, einem Weg oder einem Prozess zu tun. Sie kann nicht gelehrt werden, aber sie wird ständig geteilt. Da sie alles ist, was es gibt, kann sie niemand für sich beanspruchen. Sie muss nicht diskutiert, bewiesen oder verschönert werden, denn sie steht für sich allein, einfach so, wie sie ist, und kann nur unerkannt bleiben und abgelehnt – oder realisiert und gelebt werden.

WAS IST DAS, WAS IST?

Es gibt nur das, was ist ... aber was ist das, was ist?

Nun, es gibt keine wirkliche Antwort auf diese Frage. Doch es scheint, dass das, was ist, einfach das sein könnte, was geschieht ... das Lesen dieser Worte, das Sitzen auf einem Stuhl, Bäume, die wachsen, Klänge, Gefühle, Wolken oder Gedanken, die vorbeiziehen und so weiter. Einfach ausgedrückt: Diese Ereignisse scheinen einfach das zu sein, was geschieht. Aber in dieser Perspektive hier ist die Essenz dessen, was geschieht, ein offenes Geheimnis.

Es wird vorgeschlagen, dass das, was ist, Einheit ist, die als Zweiheit erscheint – das Absolute, das relativ ist. Das ist der Schatz, der am meisten ersehnt und am meisten gefürchtet wird ... der perfekte Geliebte und der Sensenmann. Es ist natürlich das ultimative Paradox, da es gleichzeitig nichts und alles ist.

Es gibt keine Möglichkeit, die Essenz dessen, was ist, zu beschreiben, zu begreifen oder zu wissen. Der Suchende versucht sich dessen, was ist, bewusst oder gewahr zu sein, und genau diese Funktion trennt das, was wunderbar schwebend, übersprudelnd und nicht zu fassen ist; sie verdinglicht es und macht es solide und fest.

Die Essenz dessen, was ist, kann von ‚Mir‘ nicht gesehen werden und so fühlt sich das ‚Ich‘ nie erfüllt, weil seinen Erfahrungen irgendetwas zu fehlen scheint.

In dem, was ist, ist auch das, was nicht ist. Das ist das Wunder der Ganzheit, weil sie als beides gleichzeitig erscheint. Alles, was etwas oder ein Ding ist, ist ebenso Nichts ... aber sie sind nicht zwei! Alles ist somit real und irreal, aber ‚Ich' erlebt alles als nur-real. Innerhalb dieser Illusion versucht ‚Ich' die dualistische und unbefriedigende Erfahrung in Prozesse zu verwandeln – wie zum Beispiel ‚im Moment leben' oder ‚jetzt hier sein' oder alles als ‚Bewusstsein' zu akzeptieren. Doch das sind alles nur vergängliche Erfahrungen, die die einzige unerreichbare Konstante suchen ... Alles.

Doch das wundervolle Paradox des Spiels der Ganzheit ist wiederum, dass die Geschichte von ‚Mir' ebenfalls das ist, was ist. Alle diese Träume und Hoffnungen, Prozesse und religiösen Bestrebungen sind nur die Ganzheit, die als separate Entität erscheint und umhereilt, um nach sich selbst zu suchen und sich gleichzeitig vor sich selbst zu verstecken, da sie schon längst alles ist. Und da sie schon längst alles ist, ist sogar die Ablehnung oder Vermeidung dessen, was ist, einfach nur das, was ist.

Das, was ersehnt wird, singt also ständig das einzige Lied der Freiheit, die nie verloren oder gefunden werden kann, weil sie schon alles ist, was ist.

Was wir miteinander teilen, ist die Entlarvung des künstlichen ‚Ich'-Konstrukts, das immer nach mehr strebt, um sich zufriedenzustellen – das immer in dem lebt, was sein wird. Die Möglichkeit kann auftauchen, dass das Konstrukt des ‚Ich' zusammenbricht. Es ist flüchtig, es kommt und geht und hat keine Realität. Es sind nicht die Worte, die dies herbeiführen; Klarheit und Verständnis sind nicht die Befreiung. Der Zusammenbruch des ‚Ich' ist grundsätzlich energetisch. ‚Ich' ist eine scheinbare Energie, die festgehalten wird; es ist eine eingeschränkte Energie. Wenn das Gefühl der Trennung auftaucht, entstehen sofort Angst und Anspannung und das Gefühl, etwas zusammenhalten und kontrollieren zu müssen. Das gesamte Konstrukt ist künstlich und kann plötzlich einfach zusammenbrechen. Das ist das Ende der Geschichte, und alles was übrig bleibt, ist das Leben, das geschieht. Wenn von dem ‚Ich' nichts übrigbleibt, kann es nicht beschrieben werden – und es ist unmöglich für das ‚Ich', zu verstehen, wie es ist, nicht da zu sein. Da ist einfach, was ist und was nicht ist.

○ ○ ○

Auf dem Weg hierher auf der Autobahn, dachte ich: „Ich bin nicht hier". Nach der Befreiung würde das Autofahren also einfach geschehen und du wüsstest, dass du es nicht tust?

Nein, du sitzt nicht in einem Auto und weißt, dass du nicht mehr da bist. Befreiung heißt nicht, zu wissen, dass da kein ‚Ich' mehr ist. Worüber wir sprechen, ist der Tod, das Ende von etwas, das nicht real ist. Das Ende der separaten Identität. Da ist also nicht irgendetwas, das weiß, dass es nicht da ist oder irgendetwas, das weiß, dass es Einheit ist – da ist einfach nur Autofahren. Niemand tut es, da ist einfach nur natürliches Funktionieren – es braucht mich nicht. Neurowissenschaftler haben entdeckt, dass das Gehirn das ‚Ich' konstruiert. Autofahren geschieht einfach. Das ganze Urteil darüber, wie ich fahren sollte, ist nicht mehr da.

Es ist also kein Perspektivenwechsel vom ‚Ich' zu einem ‚Nicht-Ich'?

Nein, es ist kein Perspektivenwechsel. Man könnte es nur als das scheinbare Ende einer Illusion beschreiben, die nie real war. Aber selbst das geschieht nicht. Es ist, als sei da eine eingeschränkte Energie, die plötzlich frei wird. Wenn du es als etwas beschreiben willst, das geschieht, kommt das der Sache am nächsten. Doch eine Erkenntnis taucht auf – für niemanden – dass es nie eine eingeschränkte Energie gab.

Du hast erklärt, es sei ein Prozess, der für den Körper geschieht.

Es ist eine scheinbare energetische Verschiebung von der Sicht, ein eingeschränktes Zentrum zu sein, zurück in die natürliche Realität, in der es nichts außer Allem gibt. Aber das geschieht nicht für eine Person.

Ich bin einmal nachts aufgewacht und es war niemand da. Das war sehr erschreckend und unangenehm und ich musste aus dem Bett aufstehen. Es war furchtbar.

Das kann ganz unterschiedlich sein; es kann erschreckend sein und es kann auch cool sein.

Wenn es unbeschreibbar ist, wie wurde es dann jemals kommuniziert? Was ist es? Es gibt keine Verschiebung, keine Veränderung, wie ist es also möglich, es zu kommunizieren?

Es kann weder beschrieben noch kommuniziert werden. Alles, was hier geschieht, ist die Entlarvung des Mythos, der die Identität umgibt. Davon handelt die Kommunikation hier, und es gibt keine Möglichkeit für sie, die Freiheit zu beschreiben. Freiheit ist jenseits allen Wissens.

Es ist so deutlich und einfach. Jeder Versuch, es zu begreifen, verhüllt es nur. Nie gefunden, nie dem Wissen zugänglich, ist das Sein die vollkommene Abwesenheit jenseits aller Maßstäbe.

Es gibt also kein ‚Wie‘?

Nein, dies ist keine persönliche Lehre, es gibt kein ‚Wie‘. Das ‚Ich‘ fürchtet seine eigene Abwesenheit und sehnt sich gleichzeitig danach.

Was läuft hier also ab?

Anscheinend gar nichts. Dies ist ein Treffen, das für das Individuum vollkommen sinnlos ist. Für das Individuum gibt es hier überhaupt nichts. Die suchende Energie wird ausgehungert.

Und wie konnte das ‚Ich‘ so einen großen Fehler machen?

Niemand hat einen Fehler gemacht. Die Energie ist einfach als Individuum erschienen. Niemand hat das gemacht. Das ‚Ich‘ fühlt sich, als habe es etwas verloren und als wäre jetzt, da es eine Identität ist, etwas an ihm falsch. Also geht das ‚Ich‘ los, um herauszufinden, was falsch an ihm ist und versucht zu lernen, wie es besser sein könnte. Das ist eine vollkommen nutzlose Aktivität, die auf einer falschen Annahme beruht.

Ich verstehe das, aber ich will trotzdem weitersuchen.

Das ‚Ich‘ ist das Suchen. Es ist zwecklos, aber es kann immer nur suchen, weil es ständig gewahr und somit getrennt ist. Wenn das absolute Dilemma entlarvt wird, kann auf die eine oder andere Weise die Lächerlichkeit des Ganzen erkannt werden. Es kann ein ‚Ah‘ geben, und irgendetwas kann möglicherweise kollabieren ... scheinbar.

Kann die Angst verhindern, dass es geschieht?

Das ‚Ich‘ versucht alles, um zu verhindern, dass es geschieht. Das ‚Ich‘ weist diese Botschaft natürlicherweise zurück, weil sie bedeutet, dass ‚Ich‘ sterben würde. Nichts kann verhindern, dass es geschieht, weil es nicht geschieht. Wenn ‚Ich‘ plötzlich zusammenbricht, taucht – für niemanden – die direkte Erkenntnis auf, dass es nie jemanden oder etwas gab, was zusammenbrechen könnte. Da kann eine Menge Angst sein, weil es anscheinend unpersönlich ist. ‚Ich‘ will wissen, dass es in Ordnung ist.

Du sagst, die Menschen können es nicht beschreiben, wenn es geschieht – isoliert dich das nicht?

Es ist genau das Gegenteil. Es ist die ultimative Liebesaffäre. Da ist nur der Geliebte, wer könnte also isoliert sein? Es ist jenseits jeglicher Intimität. Was ist, ist alles. Es braucht keinen Wissenden. Das, was weiß, dass der Wind weht, ist isoliert vom Wehen des Windes. Wie kann bedingungslose Liebe isoliert sein?

Gewahrsein ist auch, was ist. Wenn also kein ‚Ich‘ da ist – was antwortet und reagiert da?

Da ist nur das, was ist – auch Gewahrsein. Gewahrsein und Wissen sind Funktionen, die die scheinbare Trennung aufrechterhalten. Wenn das ‚Ich‘ zusammenbricht, kollabiert auch das Gewahrsein. Gewahrsein ist Wissen, und um etwas zu wissen, musst du von ihm getrennt sein. Es geschieht nur im dualistischen Traum einer Subjekt-Objekt-Realität. Wenn ‚Ich‘ kollabiert, ist da nichts, das weiß, was ist. Antworten ist Energie, die antwortet … scheinbar.

Es scheint also, dass das ‚Ich‘ stets versucht, den Dingen einen Grund aufzudrücken. Wenn ‚Ich‘ verschwunden ist, bleibt nur noch Angst, Liebe …

Das ‚Ich‘ glaubt fälschlicherweise, es müsse alles wissen und die Kontrolle haben. Es müsse wissen, warum es Angst hat, damit es damit umgehen kann. Es gibt nur das, was ist und nicht ist.

Letzten Endes ist es eine scheinbare Entfaltung des Nichts. Nichts erscheint als eine Person, die etwas weiß und die Kontrolle hat. Für das ‚Ich‘ ist das alles wirklich wichtig, um seine künstliche Realität besser zu machen. Ein Meeting wie dieses unterscheidet sich insofern, als hier nicht anerkannt wird, dass irgendetwas eine feste Realität besitzt. Da ist nur, was ist und nicht ist. ‚Ich‘ spielt Spiele und übernimmt eine Rolle. Alles das bricht vollständig zusammen, und somit ist hier nichts, das sich seiner selbst bewusst wäre – und es gibt auch keine Spiele. Die Komplizenschaft endet. Wirkliches Mitgefühl besteht darin, das zu entlarven, was scheinbar gefangen hält. Es gibt nichts, was an irgendetwas richtig oder falsch wäre, es ist einfach, was geschieht.

Es gibt also nichts, was du von diesen Meetings mit nach Hause nehmen kannst ... keine persönliche Lehre, keine Formeln, keine Prozesse oder Überzeugungen. Du kannst das, was hier kommuniziert wird, weder ,tun' noch ,nicht tun'. Du kannst es auch nicht richtig oder falsch machen. Es gibt einfach nur das, was ist und nicht ist ... das ist alles. Und wo immer du hingehst und was immer du tust, denkst oder fühlst – das ist, was ist.

Es ist die einzige Konstante, die nie kommt und nie geht. Es ist der perfekte Geliebte ... Es ist das immerwährende Liebeslied, das nichts und alles ist.

Danke.

ÜBER DEN AUTOR

Tony Parsons wurde 1933 in London geboren und verwirklichte im Alter von 21 Jahren spontan das Einssein. Er teilte seine Erfahrung mit anderen Interessierten und veröffentlichte 1996 sein erstes Buch „The Open Secret" (deutsch „Das offene Geheimnis").

Inzwischen erreicht er mit seiner radikalen und kompromisslosen Botschaft einen wachsenden Kreis von Zuhörern und Lesern in aller Welt.

Meetings und Residentials mit Tony Parsons finden regelmäßig in Großbritannien, Deutschland und anderen Ländern statt.

Weitere Details und Kontaktinformationen finden Sie hier:

www.theopensecret.com

Informationen zu Meetings in Deutschland finden Sie hier:

www.tonyparsons.de

Was bedeutet das Wort ‚Zuhause' für dich?

Vielleicht einfach nur der Platz, an dem du lebst ... oder hat es eine tiefere Bedeutung?

Für mich war ‚Zuhause' ein Wort, das ich schon in jungen Jahren häufig verwendet habe, um eine Sehnsucht nach etwas Tiefem, etwas Unbeschreibbarem auszudrücken, das zu fehlen oder verloren zu sein schien. Diese tiefe Sehnsucht war unweigerlich von Schmerz begleitet.

Tony empfahl mir die Botschaft des offenen Geheimnisses vor mehr als dreißig Jahren. Da war vollkommene Resonanz und irgendwie auch ein Wissen, dass dies das war, das ich schon immer gesucht hatte.

Was in diesem Buch kommuniziert wird, ist ein kostbares Geschenk, das meiner Erfahrung nach selten in solcher Reinheit vermittelt wird. Wenn du die Worte liest, kannst du es spüren ...

Claire Parsons

Radikal und kompromisslos

Die Botschaft seiner Bücher ist radikal und kompromisslos — ein seltener und einzigartiger Ausdruck des absoluten Nicht-Dualismus. Sie umgeht den Verstand und wendet sich direkt an den Kern einer Weisheit, die in jedem von uns lebendig ist. Wenn die Bereitschaft besteht, zu hören, endet die Suche und alle persönlichen Bestrebungen fallen von uns ab.
Dann bleibt nur das Wunder dessen, was ist.

www.theopensecret.com | www.tonyparsons.de

Tony Parsons: Das ist es | 285 Seiten | ISBN 978-3-933496-86-7

Tony Parsons: Einfach nur Dies | 160 Seiten | ISBN 978-3-89901-145-6

Tony Parsons: Das offene Geheimnis | 86 Seiten | ISBN 978-3-89901-700-7

jkamphausen
weltinnenraum.de